DANIELA & MALU

UMA HISTÓRIA DE AMOR

Diretor editorial: Pascoal Soto
Editora executiva: Maria João Costa
Assessora editorial: Raquel Maldonado
Revisão de texto: Thiago Brigada
Diagramação: Ideias com Peso
Designer de capa: Ideias com Peso
Pesquisa: Mateus Silva Graner
Créditos das fotos: Célia Santos e Fábio Cerati. Klaus Morales. Arquivo pessoal das autora
Revista Caras. Revista Veja. Revista TPM. Revista Época. Revista Contigo. Folha Press

Dados Internacionais de Catalogação na Publicação (CIP)
Angélica Ilacqua CRB-8/7057

Mercury, Daniela. Verçosa, Malu.
Daniela e Malu : uma história de amor / Daniela Mercury, Malu Verçosa.-
Rio de Janeiro : LeYa, 2013.
192 p.

ISBN 978-85-8044-910-5

1. Celebridades - biografia I. Título

13-0977 CDD 920

Índices para catálogo sistemático:
1. Biografia

2013
Todos os direitos desta edição reservados a
TEXTO EDITORES LTDA.
[Uma editora do Grupo LeYa]
Rua Desembargador Paulo Passaláqua, 86
01248-010 - Pacaembu - São Paulo - SP - Brasil
www.leya.com.br

DANIELA MERCURY
& MALU VERÇOSA

DANIELA & MALU
UMA HISTÓRIA DE AMOR

LeYa

Daniela & Malu

Fotografia:
Célia santos
Fábio Cerati

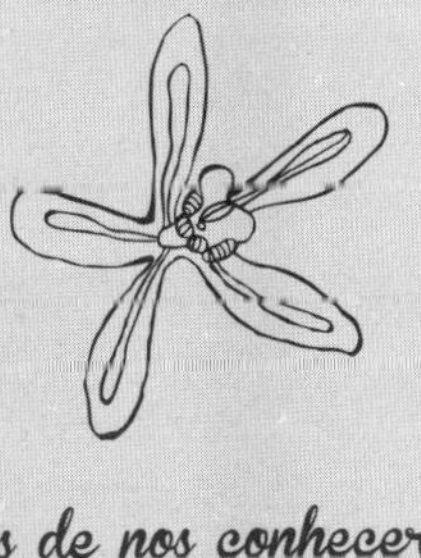

"Acho que o destino antes de nos conhecer
Fez um plano pra juntar eu e você
Pra você eu faço tudo e um pouco mais
Pra você ficar comigo e ninguém mais."

(Música de Lenine que Daniela sempre canta para sua Malu)

O samba é das moças

por Elisa Lucinda

Me vêm tais linhas ao ouvir o brado retumbante do mar, da praia, a música branca das ondas batendo seu atabaque de espumas na janela do hotel. Converso com o mar. O tema é o amor. Não é por acaso que este fecundíssimo sentimento seja o fundamento dos outros sentimentos. O pai de todos, o Oxalá das emoções e o mais popular dos sentires. O amor não exclui pobreza nem riqueza. Edifica, fere, traumatiza e salva. No entanto, parece que, seja por excesso ou ausência, o amor resulta sempre consequente. Gera dúvidas, vitórias, ferimentos, ressuscitações. Quem do amor prescinde, padece. O coração se torna uma terra infértil, dura, seca, caso o amor não o visite, o regue, o reja. Além de tudo, este poderoso sentir se instala, ou pelo menos deveríamos permitir que ele o fizesse, na base de todas as nossas relações com a vida. Inicia-se primeiro um romance com a gente mesmo, depois com o outro que é o nosso semelhante, com a natureza, com o cidadão, com a cidade e o planeta. Ninguém faz sozinho a travessia do seu tempo e na história dos bandos há sempre os pares. Estes que vemos dançar no grande salão sentimental da vida. Como o amor romântico é natural e não foi inventado pelo homem, ninguém é dele dono nem tampouco alguém nele manda. É mistério. Acontece entre duas pessoas, sem aviso, sem explicação. Desmoraliza a razão. Dá soberania a emoção, não pergunta, age; não bate, entra. Livre e cativo, o amante caminha numa estrada nebulosa que ele vê iluminada e cheia de clarezas. Um ser humano, apesar de seu livre-arbítrio, é menos do que o amor. O amor é montanha e o ser humano é grão de areia. Por isso obedece. Foi o que aconteceu com estas moças. Vendaval. O amor deixou sem texto as tentativas daqueles argumentos tão contrários quanto inúteis. Lindas. E como cabe aos amantes, tiveram vontade de gritar ao mundo este amor. Não silenciaram. Avançaram. Amazonas, usando o arco e flecha das palavras, as fotos e os beijos para por um holofote sobre as dúvidas. Os amantes precisam se declarar entre si e quando o fazem ao mundo gritam o urro, o nome, o suspiro brilhante da paz. Quando a humanidade berra com toda sua beleza uma canção de amor, está minimizando a força dos tiros, desarmando as feras. O amor dessas meninas extrapolou a noite íntima delas, o seu mar saiu dos deslimites das praias e invadiu as ruas, as praças, as casas, as cabeças. Quando tomam consciência da notícia, os cidadãos do mundo ficam mais maduros. É essa a verdade: há muitas mulheres se amando, há muitos homens que são casais, há muitos héteros também se amando, são iguais. Tem amor pra todo mundo, o que não dá é pra esconder mais. Até quando fingiremos que não existe? Até quando acreditaremos que é exceção esta imensa realidade? Por que o espanto? Afinal, o que é o preconceito? O que há por trás ou pela frente deste pensamento torto cujo fundamento não vemos com clareza, mas deixamos que, mesmo sem entendê-lo, este decida o rumo de nossas ações? Que argumentos teríamos para combater o amor dessas meninas? O que aconselharíamos? "Mintam, fiquem se relacionando com homens socialmente e vivam a sua verdade ocultamente". É isso o que diríamos? Não há um argumento sensato para defender um preconceito, seja ele qual for. Onde buscaríamos filosofias para basear uma atitude racista contra negros, por exemplo, no pensamento de Hitler? Na teoria da raça branca e pura? Como a discriminação é indefensável, meu conselho é que os que se incomodam tanto com o amor entre pessoas do mesmo sexo perguntem a si mesmos onde e por que, dentro deles, esta verdade do outro dói? Qual é o problema? O que isso diz de cada um? Por que esse assunto nos mobiliza? Pensando bem, nunca houve o advento da homossexualidade. Seguimos exercendo nossa bissexualidade ou homo preferências desde que o mundo é mundo. Ninguém falou: "Oh, vamos criar um homossexual a partir do século tal". Sendo da natureza humana é um jeito de ser, somos à imagem e semelhança desta natureza, tão mestiça, tão híbrida, tão sortida! Santuário sagrado que abriga todo tipo de vegetação. Tem capim cheiroso, orquídea, lírio, abacateiro, espinho, roseira, boldo, jasmim, dormideira, babosa, alecrim, copo-de-leite. Cada um cumprindo sua essência, exercendo seu brilhar. Desde o começo da história o homem vive sua bissexualidade ou homossexualidade, de acordo como essa se apresenta em seu enredo existencial. Não é que a homossexualidade tenha alguma vez não existido, a intolerância é que vem diminuindo através dos tempos, a poder de muita luta e à custa de muitos mártires, muitos dos quais nem sabemos o nome, através dos tempos. Para ajudar a limpar os olhos dos que ainda não conseguem entender o amor das meninas, proponho observarmos o quanto devemos a milhares e milhares de homossexuais que contribuíram para que chegássemos até aqui no avanço e no progresso da civilização: Shakespeare, e tantos filósofos, inventores, criadores, compositores, que fizeram a trilha sonora de tantos amores, nas telenovelas e nas novelas reais de nossas vidas. Nem sabemos se os remédios que tomamos, se aquele cirurgião que salvou a vida daquela criança, se aquela delegada que fez justiça, se aquele que costurou nossa roupa, fez nossa comida, namora homem ou mulher. Importa?

Bate a onda forte no mar da praia de Ondina, os coqueiros inclinados para cá, no caminho que o vento também faz concordando com as minhas palavras, eu acho. Penso na humanidade caminhando, os seres humanos migrando, mudando suas rotas por causa do amor, atravessando oceanos dentro e, atrás das garrafas onde puseram mensagens apaixonadas. Quem o sente sabe que não se escolhe. O amor acontece, explode, eclode entre dois seres e faz a gente vibrar, não diante de todos, mas diante daquela, aquela única pessoa no meio da multidão. O foco é nela. É ela a paisagem, o horizonte, a visão, nada tem rosto além do dela ou tudo tem o rosto dela. E este milagre do encontro remove montanhas. Mas ainda estamos atrasados como sociedade, ainda alcunhamos os amantes de "sem-vergonhas", como se o querer fosse alguma escolha da razão, como se o que chamam de vergonha fosse virtude, como se o desejo não significasse saúde, como se a moral vigente não fosse uma espécie de ilusão.

Tomara que este livro encoraje e impulsione "saídas de armários" de muitos. Tomara que este livro seja aliado de outras coragens, e estas tomem as rédeas de suas vidas de modo a não terem que esconder-se, como se amar um do mesmo sexo fosse crime. Assumir-se é saudável, potencializa felicidades e, principalmente, diminui hipocrisias. Quando uma máscara cai, outras acompanham. Sei de tanta gente que adoraria poder soltar a sua sexualidade tal qual ela grita em seus bastidores, mas por medo da luta, da desaprovação, por temer a humilhação, o bullying, casa-se com quem não deseja e, infeliz, acaba por tornar infelizes os que estão à sua volta. Neste cenário em que a subjetividade brasileira constroi, à duras penas, o respeito pelas relações homoafetivas, desponta uma Via Láctea chamada Daniela com sua estrela Malu. Elas vêm todas de branco, vestidas as duas de noiva, cada qual com o seu buquê e o fazem com os adornos, flores e oferendas, permitidas a todos os casamentos. Até casamentos arranjados, casamentos decididos por questões econômicas, casamentos de quem ama menos e até de quem não ama nada, têm toda essa alegoria de pétalas, pérolas, brilhos, cetins, tules, sedas. Por que não haveria de ter na festa de amor de duas meninas?

Acabo de chegar da alegre cerimônia. Maravilha. As crianças em torno daquela singeleza pertencem a outro tempo, a um novo tempo. Vão crescer sem reparar na diferença que realmente não há entre o amor de pessoas do mesmo sexo e o amor de heterossexuais. Os poetas chamam de "o tempo da delicadeza". Vão crescer respeitando as possibilidades e os alcances de uma alma inexata como é a nossa. Entre amigos e parentes das noivas, estava este panapaná, ou seja, este coletivo de borboletas delicadas, essa legião de meninos e meninas, entre filhos, sobrinhos, e afilharados das nubentes. Os anjinhos estavam, com a sua inocência, a testemunhar a necessária ousadia lírica daquela festa, enquanto aravam o invisível caminho para o futuro onde viverão, se Deus quiser, sem que uma só amante ou um só amante, seja morto, machucado, excluído, ofendido, desprezado, por causa do que sente, porque e por quem sente. Quando tudo é de livre e espontânea vontade, não há algoz, não há feitor, não há escravo, não há refém. Trago em meu peito, desta noite inesquecível, a comemoração da união das meninas, poesias, danças, alegria e canções, a voz linda de Gabriel, o gosto de champanhe, o brinde aos novos dias que virão, e parece que agora, daqui da varanda do meu quarto de hotel, ainda vejo o mesmo panapaná de criancinhas com suas asinhas modernas sobre o mar da praia de Iemanjá urdindo o tapete de amanhã por onde a humanidade andará. Estamos dentro das páginas deste samba particular das moças que muito tem a ensinar à humanidade. É um privilégio do novo tempo dispor desta literatura confessional que para o bem de si e de todos quer se mostrar. Escrito a quatro mãos pela alma poética de Daniela Verçosa e pela sensibilidade lírica da jornalista Malu Mercury, o relato é um gesto escrito que contribui para a compreensão do tempo de agora e do tempo que virá. O diário deste amor vem na esteira dos que ousaram na história e abre para nós sua gênese na cauda dos arquétipos da verdade humana. Como se fosse uma lua cheia a iluminar, por ser testemunha do amor das meninas, este livro ensinará. Pronto. Por hoje termina a minha conversa com o mar.

Esplendor da primavera,
12 de outubro de 2013, Salvador.

Fotografia:
Célia Santos
Fábio Cerati

Daniela & Malu

Quando te olho, me vejo
Que nem espelho de Nanã, doce como o raiar da luz da manhã
e perigoso como a mordida na maçã
Você reflete os raios poderosos e impiedosos de Iansã
a cada dia que abro meus olhos sem os seus

Te sinto pela respiração
Te quero pela emoção, pelo tesão
Em mim inteira está você
Dentro de mim está o seu ar, a sua beleza,
a força da sua natureza. Ah, guerreira. Incansável.

E é por medo de mim que fujo, que me desespero
Sei do impossível
E sei o que costumo fazer com o impossível
Por isso me apavoro que nem criança no primeiro dia de escola,
Que nem mãe de primeiro filho,
Que nem adolescente no primeiro beijo

Tenho sintomas de medo
Sou bicho do mato, acuado, pronto para reagir
e me segurando por não poder mais decidir.
Você me roubou o livre-arbítrio, você roubou minha alma

Sou sua há muitas vidas
As feridas se fecham sem fugir
Te amo pra sempre, com todas as sementes que vão me conduzir
pelo mundo, sem rumo, mas com o destino traçado
pelo som do seu canto, no pranto do seu amor cheio de poesia,
nos abraços do meu amor já preenchido pela
sua alegria.

Malu Verçosa

Todos os meus sentidos sabiam da sua existência
mas sem consciência eu já amava Maria
com o olfato, o tato, o olhar
o meu corpo me dizia que conhecia Maria e eu nem sabia

como numa canção, como numa poesia
eu percebi que Maria existia antes da razão
Seria fantasia? Seria somente imaginação?
Assim passaram dias de dúvidas
se Maria era apenas ilusão
Mas se Maria já tinha casa, por que comigo casaria?
Se Maria já tinha planos, por que os mudaria?
Se Maria já tinha amor, por que eu amara Maria?
Se ela de mim não precisava, somente eu precisaria?

Se somente eu a amava e ela amava minha Alegria
pensei, repensei e nunca entendi por que ela me fazia sorrir
Ela não era minha namorada, nem me amava, nem sabia que existia amor
Ah! Será que Maria me amaria?

Então, o que fazer se não podia dizer, afinal a mim era proibido
chegar perto do seu sorriso
e queria tanto beijá-la e nem sabia o motivo
Parecia ímã, parecia Tempestade de Shakespeare
parecia romance. Ai se Deus me desse a chance de sentir seu perfume
queria ser seu vaga-lume, queria sentir seus braços à minha volta
já não podia dormir, pois via Maria quase todo dia, mas ela
estava sempre tão longe e tão perto de mim
ela nem imaginava que ali estava alguém que a amava e nem eu
mesma sabia

O desejo foi me tomando... e a poesia ...
e o sorriso... e o seu cheiro... e a alegria
Fui sendo alimentada pelo sonho de ver Maria.
Vê-la já me fazia tanto bem
observá-la já me acalmava a alma
Como chegar a Maria?

Maria já havia tomado toda a minha atenção
já tinha saudade de Maria, Maria já vivia em meu coração

Acho que minha pressa foi a paixão
Queria apenas que ela soubesse que eu a queria e que dentro de mim ela já era imensidão
precisava de sua companhia
e da poesia que me acendeu a alma e me deixava em alvoroço quando a via
Te amo Maria e peço licença pra lhe conhecer
desculpe o mau jeito
hei de fazer direito
Hoje você já é minha ainda que não queira
saiba que é você quem me faz viver e lembrar que eu mereço ser feliz como você!

(Maria é como Daniela chama Malu em diversas poesias)

DANIELA MERCURY

3 DE ABRIL DE 2013
Lisboa

O DIA DA LIBERTAÇÃO.

Uma noite difícil. Depois de muita discussão, um ou dois trag em um cigarro provocador (havia um mês que ela não fumav dormi de ressaca moral e sozinha. A briga nada tinha a ver com dúvidas sobre nosso amor. A discussão foi causada pela forte pressão da LIBERDADE. Liberdade de ser quem somos, sem medos, sem vergonha, sem baixar a cabeça. Daniela é uma artista brasileira importante, faz música alegre, faz poesia, têm ideias e ideais excepcionais. É a voz do samba reggae, a branquinha mais neguinha da Bahia, a brasileira que ganhou o Grammy, que cantou no Cirque du Soleil, embaixadora do UNICEF desde 1995, a mãe de cinco filhos, a filha do simpático português com a descendente de italianos, vice-reitora da Universidade Católica do Salvador. Ufa! Uma mulher e tanto. Linda, inteligente, culta, conhecida pelo gênio forte, pela criatividade e pelos talentos múltiplos como cantora, bailarina e artista de uma maneira geral. Sim, ela é artista em todas as significações da palavra. Daniela voa com o pensamento, tem a alma livre como um passarinho, é uma pluma que se movimenta com a brisa e que tem a mesma capacidade de dançar caso esteja embalada pelos ventos de uma tormenta. O que eu ainda não conhecia tão bem nela era a coragem.

Tenho peles de todos os lugares
Baiana, tenho o azul
numa camada molhada, visto-me
de mar e de sua beleza que me pertence
como a natureza desse lugar que me compõe,
como no DNA, o acarajé, o abará, a moqueca.

Pelo mesmo motivo
eu sou preta, sim
dessas bem escuras
lindas figuras
a colorir o mundo
a contrastar com o céu
a se confundir com
as árvores,
marrons como a terra.

A importância de falar a verdade e as manifestações nas ruas do Brasil.

Falar a verdade inspira. A verdade, somente a verdade, nada mais que a verdade.
Falar a verdade é coisa que nasce com a gente e tem a ver com a personalidade e a ética de cada pessoa. Falar a verdade exige coragem.
Desde criança tenho o impulso de falar o que penso, muitas vezes paguei um preço alto por me posicionar, também nunca suportei ninguém me bajulando, nem consigo bajular ninguém.
Adoro ser gentil, mas dizendo o que acredito. Na vida, busco sempre fazer amizades sinceras e estabelecer relações de confiança e cumplicidade. É bem difícil ouvir a verdade. Eu fiz psicanálise em busca de autoconhecimento e o duro da terapia é enxergar os erros e o que não gosto em mim mesma, mas é um exercício de crescimento importantíssimo. Conhecer e aceitar a si mesmo é fundamental para compreender e conviver com outras pessoas.
O problema não é o que o mundo acha certo, mas o que cada um de nós considera certo ou errado. Sem dúvida é preciso ter segurança e uma boa dose de humildade e inteligência emocional para ouvir a verdade.
Eu aguento firme, aceito meus erros com uma certa facilidade e peço desculpas sinceras.
Como normalmente reflito muito e tenho uma autocrítica feroz, se não concordar, pelo menos aceito ouvir e discutir a questão até esta ficar totalmente esclarecida.

Para mim, fora a maldade e a loucura, nada é defeito, mas característica. Aceitar o jeito de pensar do outro simplifica muito a vida.

Com inteligência todas as pessoas encontram razões pra justificar seus atos. Acho que quem se compromete com o outro se envolve com seus problemas e tende a falar o que pensa, e quem se reprime, não se aceita, tem timidez e insegurança, muitas vezes foge das discussões, se coloca alheio aos problemas do outro e do mundo. Infelizmente para compreender uma situação que outra pessoa está passando, não adianta tentar se colocar no lugar dela, porque é quase impossível entender a carga emocional sofrida por cada indivíduo. A compreensão racional da gravidade de um problema não basta para nos fazer entender o peso emocional de uma situação, pois cada pessoa sente de maneira diferente e isso é o que conta. É o que a gente sente que importa e não o que a gente pensa apenas. Há muitas realidades e verdades, porquê há muitas maneiras de sentir, de pensar. Há distintos conceitos morais e padrões culturais no nosso planeta.

Por isso, até discorrendo sobre a verdade, me deparo com a necessidade de falar sobre diversidade. Para muita gente na face da Terra não é fácil compreender e conviver com a diferença. A tendência humana é de desmerecer o outro, quando o outro possui crenças, cultura, hábitos e outras características diferentes. Isso infelizmente é muito comum.O medo do desconhecido, a necessidade de impor nossas crenças geram discórdia e violência. Eu viajo muito pelo Brasil e pelo mundo e conhecer outros povos me ajudou a compreender quanto somos diferentes nas mínimas coisas e também que todos os seres humanos precisam ser respeitados como são. Não há outra possibilidade para o convívio pacífico.

No aeroporto de Lisboa, em Portugal, tem algo assim escrito na parede:

Se você vai a outro país e não gosta da comida, não gosta da maneira de ser daquele povo e reclama, agride e desrespeita, é melhor ficar em casa.

Nós, como pessoas, precisamos de referências pra seguir, por isso a nossa tendência é buscar grupos com os quais nos identificamos.

Os iguais se aproximam e os opostos se afastam. Buscamos os iguais, mas na verdade ninguém é igual a ninguém. Então, os padrões culturais determinam o certo e o errado e quem está fora do padrão predominante sempre sofre descriminação. Em cada lugar do mundo se valoriza e critica diferentes características dos seres humanos. Ninguém pode impor seus valores pessoais a ninguém. As leis de cada país determinam os direitos e deveres de cada cidadão naquele território. Mas a maioria tende a discriminar as minorias. A convivência com a diferença é uma experiência muito rica, mas para muitos é desagradável.

Este ano de 2013 está sendo um ano muito interessante, pois o Brasil está mostrando algumas de suas faces. Depois de 27 anos de democracia, o povo se mobilizou e foi para as ruas reclamar e reivindicar seus direitos. Faixas criticando a corrupção, o dinheiro gasto na Copa do mundo, a ineficiência e inexistência de transporte público e contra a proposta de cura gay, apresentada pelo presidente da Comissão De Direitos Humanos da Câmara dos Deputados, foram exibidas, com orgulho, em quase todas as cidades brasileiras.
O brasileiro foi pra rua protestar em massa depois de 21 anos, época em que o impeachment de Fernando Collor de Melo foi exigido pela população que pintou a cara de verde e amarelo, cores da bandeira brasileira, e conseguiu seu objetivo.
Nesse momento quem apostava na passividade e na acomodação dos brasileiros, ficou surpreso. Os políticos ouviram verdades incômodas e até agora estão todos inseguros, com medo de perder votos.
O confronto de ideias é fundamental numa democracia. Agora existe essa conversa entre o povo e o governo. E não mais será possível ignorar os desejos da população, nem abusar da nossa paciência.

Eu e Malu proclamamos o nosso amor em busca da verdade, do respeito e da liberdade. Declarar meu amor por Malu nesse momento foi um ato político e casar no Civil uma legitimação da nossa vida de casal.
O Brasil e o mundo têm o desafio de acolher as novas formações familiares. As escolas, as universidades e a sociedade têm que mudar imediatamente sua maneira de tratar as pessoas. Chegar num hotel

e nos colocar num quarto com duas camas de solteiro, receber um formulário qualquer onde está escrito senhor e senhora, pai e mãe, são coisas que agridem e por isso precisam ser revistas imediatamente. Não dá mais pra fingir , não somos mais cidadãos invisíveis. Não é mais aceitável a piadinha de mau gosto, os xingamentos e comentários machistas, nem discriminatórios.

É preciso criminalizar a violência contra os gays e transexuais urgentemente.

Todos somos diferentes. Estar fora do padrão é coisa de gente. Não há padrão na humanidade, há diversidade. Há milhares de religiões, de raças, de línguas, de culturas, de maneiras de pensar, de agir, de viver e há pessoas que insistem em não compreender e não respeitar as múltiplas maneiras de amar.

Falar o que está errado é muito importante e foi falando, lutando e confrontando, que as mulheres, os negros e outras minorias conquistaram direitos em quase todas as partes do mundo. E foi com luta que a lei regulamentando o casamento civil para pessoas do mesmo sexo foi finalmente aprovada no Brasil. E foi protestando que a OAB, Ordem dos Advogados do Brasil, abriu os processos pedindo a cassação de dois deputados, Marco Feliciano, atual presidente da Comissão dos Direitos Humanos e Jair Bolsonaro, ambos por incitar crime de ódio, por racismo e homofobia.

As manifestações que aconteceram no Brasil em junho foram motivadas por muitos anos de insatisfação dos brasileiros.

Acho que foi o dia do saco cheio. Houve manifestações em mais de 120 cidades. Pessoas de todas as idades e classes sociais foram as ruas expressar sua indignação pacificamente, com algumas exceções.

O Movimento Passe Livre se organizou nas redes sociais e muita gente se motivou a participar dos protestos, porém a população trouxe para as ruas muitas outras pautas além da mobilidade urbana que era o tema central.

A verdade, a transparência, a honestidade são valores fundamentais.

O Brasil iniciou outra fase em sua democracia. A sociedade tirou o grito do peito e está aliviada. Minha intuição é de que as manifestações não vão parar.

O RESPEITO AO DIREITO DE SER DIFERENTE

A DECISÃO

Depois de discutir por horas e horas o que fazer e como fazer, sucumbi ao cansaço e a uma sensação de derrota.
Derrota para mim mesma, para nós mesmas. O sentimento que eu tinha era de que não havia solução para o impasse em que estávamos mergulhadas. Nada muito grave, se analisarmos com frieza e despidos de preconceitos. Veja bem: uma artista famosa e uma jornalista se apaixonaram, viajaram de férias, resolveram firmar o compromisso com alianças e quiseram anunciar o casamento para o mundo. Isso acontece com dezenas de milhares de celebridades pelo planeta.
Elas casam e dizem que casaram, tiram fotos, colocam em revistas, jornais, programas de televisão e está tudo bem.
O que seria motivo de alegria e de nenhum drama para a maioria dos casais, virou uma tortura para nós duas.
Estávamos pressionadas pela proximidade dos shows que Daniela faria em Portugal, nas cidades de Lisboa e do Porto.
Tínhamos vindo de dias maravilhosos, de grande felicidade.
Tiramos férias apaixonadas. Saímos em lua de mel antes de casarmos. Passamos pelo frio enlouquecedor da Rússia.
Conhecemos muito pouco as cidades de Moscou e São Petersburgo. A temperatura era de 15 graus negativos.
Nós duas, acostumadas ao clima da Bahia, ficamos literalmente congeladas. O frio cortava nosso rosto. Não havia roupa térmica que desse jeito naquele sofrimento, mas mesmo assim a gente gargalhava andando sobre o gelo.

Moscou

aniela e Malu

ão Petersburgo

ússia

Apaixonadíssimas, preferíamos os lugares fechados onde pudéssemos nos olhar nos olhos com ternura e muito amor. A neve fazia as duas se animarem de vez em quando a sair e passear. Parecíamos crianças brincando. Eu jogava neve nela e ela corria atrás de mim filmando e me provocando. Conseguimos ingressos para assistir ao Ballet Bolshoi. Minha bailarina linda tinha um brilho no olhar que eu jamais tinha visto. Passei o primeiro espetáculo da minha vida ouvindo uma aula de dança, bem baixinho, no meu ouvido. Ela falava o nome de todos os passos e se encantava com a precisão dos bailarinos russos.

BALLET BOLSHOI

Gente apaixonada é sempre otimista,
enxerga o que há de melhor no outro.
Todas às vezes que começo a escrever
tenho vontade de explicar esse sentimento
avassalador que me tira e devolve oxigênio,
que me acalma e literalmente me enlouquece,
que me faz viver e querer morrer para não
correr o risco de perder.

Ainda naquele frio paralisante, passeando, nos deparamos com uma ponte em que casais de noivos circulavam em todos os lugares. É a ponte Luzhkov, conhecida como "Ponte dos amantes". Os recém-casados colocam cadeados nas árvores de ferro que ficam no local. Reza a tradição que enquanto os cadeados estiverem lá, o amor vai durar. Nós fizemos exatamente isso. Tirei o cadeado da minha mochila e fomos até uma árvore prender o nosso cadeado. Daniela dizia: "cadeado é para sempre, viu?"

Ponte de Luzhkov

Depois de dias de muito frio e neve, fomos para Paris. Eu e ela já havíamos ido algumas vezes à cidade. Não tínhamos pretensão de conhecer mais nada. Queríamos sossego e tempo para curtir uma a outra.

Esta é a capa do nosso diário de Paris

Chuchu

Ela me acendeu
Ela sou eu
Eu sou o sorriso dela
Ah Malu!
Malibu!
Lu!
Meu amor.
Ah! Quando a gente ama
fica boba pra chuchu.

OS DIAS EM Paris

Era início de primavera na Cidade Luz. Convenci a "pop-star" a passear usando apenas bicicletas. Ela parecia uma criança livre e feliz. Eu nunca vou esquecer o sorriso que Daniela levava no rosto. Foram 10 dias namorando, fazendo as mais lindas declarações de amor, criando poesias em cafés da cidade, tomando vinho e escrevendo bilhetes de amor em guardanapos. Encontramos amigos dela lá. Uma turma de Cabo Verde muito divertida e animada. Fizemos seresta, passeamos por antiquários, visitamos museus sem nenhuma pressa. Aliás, o tempo parecia ter parado desde a Rússia. Nosso amor é tão forte que torcemos por segundos, minutos, horas, dias de privacidade e intensidade. Estávamos no paraíso. Depois de muito estresse no carnaval, finalmente tínhamos um pouco de paz. Digo um pouco porque eu e ela somos uma bagunça, uma montanha-russa de emoções e de energia de vida. Quem é assim nunca fica por completo em paz. Acho que a gente nem quer paz. "A gente quer é confusão mesmo", ela me diz com frequência. A confusão é uma delícia, uma explosão de sentimentos fortes e maduros. É nela que a gente se desnuda.

As alianças

Foi nesse clima de paixão intensa que decidimos fazer o que já sentíamos vontade desde o primeiro beijo: trocar alianças, casar, morar juntas e enfrentar o desafio de criar três meninas com idades e necessidades tão diferentes. Já havíamos falado sobre nos casarmos, mas à medida que a paixão aumentava, parecia que só o casamento acalmaria os nossos desejos.
Eu a pedia em casamento de manhã, de tarde e de noite.
Ela me fazia o mesmo pedido em cada olhar e em cada amanhecer ou anoitecer. Confesso que em muitos momentos não sabíamos em que parte do dia estávamos! Uma confusão danada no nosso corpo, nos nossos pensamentos. Um torpor amoroso: anestesiadas de paixão e tesão.
Era uma manhã fria em Paris no dia em que decidimos comprar as alianças. Lembro que o termômetro marcava cinco graus. Saímos do hotel com frio no estômago. (Meu Deus do céu, que medo era aquele que eu estava sentindo?)
Meu coração disparava e eu não queria falar para ela o que sentia porque podia parecer que tinha dúvidas. Mas eu não tinha dúvida nenhuma. Só estava em pânico. Coisa simples: pânico de casar, pavor de casar com ela, uma artista famosa, paralisada pelo medo de estragar tudo.

Às vezes, damos um passo maior do que a perna. Imaginava que podíamos estar apressadas, mas no fundo não era isso que eu sentia. Nós não nos conhecíamos profundamente, mas eu tinha o instinto e a sensação muito clara de que era ela. Sabe aquele sonho, a busca de toda uma vida de encontrar uma pessoa especial? Era ela. Eu sentia isso, mesmo com toda a chance do mundo de dar errado, de me envolver com uma pessoa tão célebre.

Tinha os medos mais simples e os mais complexos. Sentia, por exemplo, medo de nunca mais poder ir a um show ou a um cinema. Medo de não poder mais malhar na orla de Salvador, medo de precisar sempre de apoio de outras pessoas para sair à rua. E tinha medo dela enjoar de mim. É verdade. A maioria das pessoas, e eu me incluo nelas, tem preconceito com artista. Está no imaginário popular que artistas têm personalidades instáveis, que mudam de humor com facilidade, que têm uma vida louca, que mudam de opinião e, por que não, de paixão? Ai, ai! Quebrei minha cara com ela e me despi do único preconceito que havia identificado em mim. Daniela é branda e tranquila. Gosta de coisas simples, foi a todos os shows que eu quis ir, aos filmes que eu quis assistir e ainda correu comigo na orla da nossa cidade. Mostrou como era possível viver com ela fazendo as coisas que eu amo fazer. Ela é incrível e determinada. Claro que perdi parte da minha liberdade e da minha privacidade, mas tudo é compensado diariamente pelo nosso amor. Vou falar sobre isso mais adiante, vamos voltar para o dia da compra das alianças em Paris.

26 de março, Paris.

A busca pelas alianças

Saímos do hotel, que tinha uma estação de bicicletas na frente e pegamos nosso divertido meio de transporte para atravessar a cidade em direção às Galerias Lafayette. Lá estão as melhores joalherias do mundo, com belos trabalhos de designers. Eu e Daniela temos um senso estético apurado. Ela, todo mundo sabe, é uma artista completa que cria muito, e eu amo fotografia, luz, paisagens, composições. Sou uma apreciadora das artes de uma maneira geral e amo o trabalho de artistas plásticos e designers.

Começamos a circular pela galeria. Demos uma olhada e eu confesso: a cada instante tentava dizer a Daniela que não precisava mais. Não que eu não quisesse me casar. Muito pelo contrário. Uma história de amor dessas só pode ser para sempre. Mas o medo paralisa. O medo atrapalha a felicidade e nos sabota. E eu tinha (e tenho) tantos medos. Mas ela é uma mulher determinada. Gargalhava a cada tentativa minha de convencê-la a ir tomar um café ou comer alguma coisa e deixar as alianças para outro dia. A cada sinal de resistência minha, ela abria aquele sorriso espetacular e dizia:

"Não. Agora vamos comprar nossas alianças. Quer fugir, é?"

E ria como criança, com aquele sorriso sincero, cheia de covinhas no rosto e sonhos cintilando no olhar.

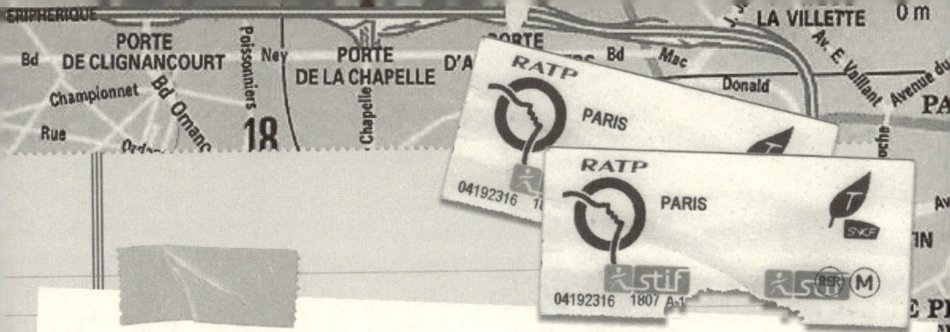

Procuro em você o que perdi. O que nunca encontrei. Aquele amor que eu sempre dei e não sabia que dava, nem que precisava. Aquele gesto que parecia simples, mas que ninguém fazia.

Eu sei que cada pessoa tem seu instinto de sobrevivência e busca o que é bom para si. Sei também que ninguém foi feito para ninguém. Talvez no sexo sim, se a química é maravilhosa, tenho a impressão que há uma conexão espiritual, mas a vida a duas exige muito mais que um sexo fantástico.

Durante a vida a gente vai sofrendo e fechando os sentidos. Medo de amar com motivo. Defesa das boas. Quanto mais é necessário se proteger, mais difícil é confiar de novo e abrir o coração para outra pessoa.

A gente fica desconfiada e reage muita vezes até antes de ser atacada.

Nós duas enfrentamos a realidade muito cedo e aprendemos a sobreviver e vencer, mas tao difícil quanto vencer profissionalmente e se manter bem é amar de novo.

OS PROTESTOS

A Paris apaixonada em que estávamos era também a cidade dos protestos contra o casamento gay recém-aprovado na França. Falava-se muito sobre isso na cidade. Os jornais noticiavam os conflitos e a insatisfação de uma parte dos franceses com a aprovação da união entre pessoas do mesmo sexo. Em alguns momentos eu sentia medo de sermos alvo de algum tipo de preconceito, mas foi em Paris a primeira vez que ela tocou meus lábios com os dela num lugar público no meio de uma rua deserta. Estávamos perdidas, tentando chegar ao hotel, quando ela me parou, me empurrou contra um muro e me deu um beijo daqueles de tirar o ar, de encher o corpo de emoções e que nunca mais sairá da minha memória. Naquela noite pensei: "Essa maluca está disposta a tudo mesmo. Ela não está blefando". Eu ria sozinha com meus pensamentos enquanto ela dormia na calma dos meus abraços.

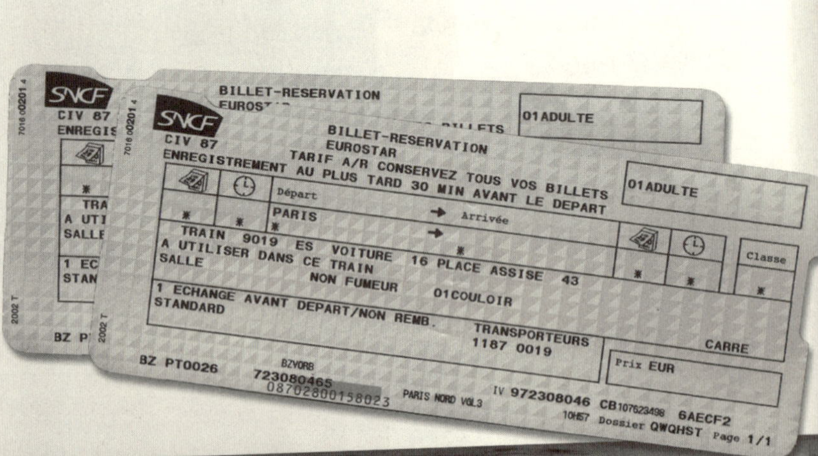

OLTANDO ÀS ALIANÇAS

m meio às manifestações a muito amor, compramos as alianças iante de um vendedor visivelmente onstrangido. Tínhamos olhado em odas as joalherias e nada nos agradava nuito. Eu queria um anel mais noderno, menos com cara de aliança e ela dizia que não. Eu desisti e disse a ela que a única coisa que não queria era uma aliança daquelas tradicionais que nossos pais usam. Queria algo mais a nossa cara e mais diferente. Nada me agradava completamente, nem a ela.

Subimos para o primeiro andar da galeria e encontramos a única joalheria que ainda não havíamos entrado. A vitrine chamou a atenção de Daniela por causa de um lindo anel. Mas não havia alianças expostas. Eu já estava desanimada por não termos chegado a um consenso. Enquanto ela olhava o anel, perguntou ao vendedor se havia alguma aliança. Ele fez aquela cara de "não é o nosso ponto forte" e disse que tinha apenas um modelo.

Ele trouxe a joia e ela era linda. De ouro rosa, forte... sim, tem que ser forte. Daniela bate muito o microfone na aliança. Ela joga para cima e pega, agarra, enfim, precisa ser forte. Mas tinha um porém: era do modelo tradicional, com pouca coisa diferente do que se costuma ver nos modelos de nossos pais. Claro que ela me convenceu. Ela me convence de qualquer coisa. Com o passar do tempo, eu, sabiamente, venho me deixando convencer com mais rapidez. Sei que é inevitável concordar com ela quando ela quer muito uma coisa, então relaxo. (Risos). Adoro isso nela. E adoro esse poder que ela tem sobre mim. Fico boba e entregue. Perco minhas defesas, entrego minhas armas e pronto: sou dela. (Suspirei de amor).

O vendedor

Bem, o vendedor ainda não tinha se dado conta de que estava vendendo alianças para um casal de mulheres. Ele achou que uma de nós duas ia casar e estava escolhendo a aliança. Quando decidimos que era aquela, ele pediu a numeração. Eu e ela esticamos os dedos para ele ver o tamanho. Foi aí que ele entendeu que éramos um casal. O rapaz ficou visivelmente constrangido com a gente. Percebemos e começamos a rir e a falar em português. Ele, coitado, não sabia o que fazer. Não sabia se colocava em uma caixa apenas, se colocava em duas. Não fazia ideia de como agir. Nós duas saímos gargalhando.

Mas foi naquele momento que senti como seriam difíceis os momentos que se seguiriam nas nossas vidas. Daniela não tinha nenhuma expressão de preocupação, muito pelo contrário: ela estava feliz.

A experiência dela com a exposição pública, nos palcos e no dia a dia, faz com que esteja quase sempre preparada para as flores e para as pedras. Eu, não. Nunca esperei nem flores, nem pedras.

E, para piorar o meu nervosismo, sempre que fico tensa, Dam sorri docemente ou gargalha do meu desespero. Ela me faz perceber que as coisas não têm tanto peso. Que nada pode ser maior do que o amor que sentimos uma pela outra. Nada pode ser mais forte do que a cumplicidade e a afinidade que temos.

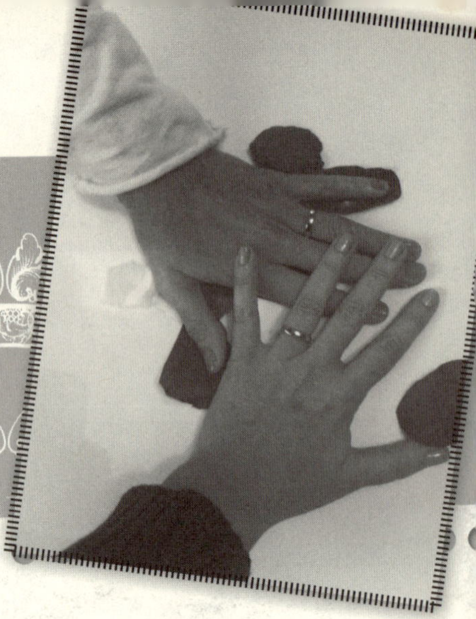

Saímos da joalheria cheias de certezas e dúvidas. Paramos no primeiro restaurante que encontramos para tomar um champanhe e comemorar mais um passo na nossa história. De sobremesa *crème brûlée*. Esse doce francês deu ainda mais sabor ao nosso romance. Até hoje, muitas vezes estamos em algum restaurante e Daniela, para me seduzir e me surpreender, pede escondido ao garçom um *crème brûlée*. Ela sempre me emociona (e me engorda! Risos) com isso.

Já era madrugada quando saímos do restaurante em Paris. Estava frio, mas a gente estava tão feliz que nada importava. Pegamos as bicicletas e circulamos pelas ruas desertas daquela cidade lindamente iluminada. Paramos em uma das pontes sobre o rio Sena e nos beijamos com amor e doçura. Quis colocar a aliança nela ali mesmo. Mas adiamos para fazer algo ainda mais especial.

PARIS, 27 DE MARÇO.

A data do nosso casamento "emocional"

Acordamos depois de muitas juras de amor. Queríamos ir às igrejas que tínhamos mais admiração em Paris para trocar as alianças e fazermos nosso ritual secreto e íntimo. Fomos à Basílica de Sacré Coeur e à Igreja de St Madeleine. Colocamos a aliança e juramos fidelidade, companheirismo e amor.

Choramos muitas vezes e nos emocionamos durante todo o dia. Bastava olhar para ela com aqueles olhos lindos marejados que eu me sentia a mulher mais importante e mais sortuda do mundo. Ganhar o espaço de um amor tão intenso dentro de uma mulher tão linda e generosa é um presente e tanto de Deus. Ir às igrejas, para mim, era uma forma de agradecer a Ele. Depois de tudo, jogamos no rio Sena um buquê de flores que havia comprado para ela durante o dia. Eram flores lindas amarelas, da cor do sol, da cor de Oxum. Ela é filha de Oxalá (Oxaguiã) com Oxum. Eu sou de Iansã. Dizem também que tenho Iemanjá comigo. Na Bahia é assim!!!

Parar sobre o rio com as flores amarelas e jogá-las no Sena para Oxum foi a forma que encontramos de pedir proteção aos orixás e de fazer de Paris a Bahia. Era o nosso jeitinho de nos sentirmos em casa, de celebrarmos nossa união com nossos rituais. Três dias depois embarcamos para Lisboa, Portugal. Passaríamos mais alguns dias de férias lá, e nos dias 5 e 6 de abril Daniela faria shows em cidades portuguesas.

A madrugada

DIA 3 DE ABRIL DE 2013

Voltando àquela fatídica madrugada do dia 3 de abril. O dia em que nossas vidas mudaram para sempre. Depois da nossa discussão, fiquei exausta e ainda mais perdida, sem solução para nosso impasse. Não queríamos ficar à mercê de um jornalismo barato que já havia nos dado uma boa dor de cabeça no carnaval, quando foi noticiado que eu e Daniela havíamos sido flagradas aos beijos no meu apartamento. Foi lamentável e constrangedor. Naquela época, já estávamos juntas há cerca de um mês e meio. Mas não havíamos dito publicamente porque eu não quis! Daniela já queria ter falado ali mesmo, durante a festa. Ponderei que não fazia sentido. Expliquei que o carnaval era um momento em que ela reinava e que nossa vida não interessava a ninguém. Ambas estavam separadas há pouco tempo. Enfim, pedi a ela que não falasse nada.

Mas nunca ficamos escondidas. Passamos, inclusive, o carnaval no meu apartamento por ele ser mais perto do circuito onde ela iria cantar. A equipe dela de produtores, fonoaudióloga, maquiador, cabeleireiro, assessores, empresários e todo o staff, incluindo os seguranças, entravam e saíam do apartamento o dia inteiro. Todo mundo sabia que estávamos juntas. Mesmo assim fomos vítimas da imprensa que não apura as notícias e não aprecia a verdade, mas sim o sensacionalismo. A notícia do suposto flagra no carnaval se propagou numa velocidade absurda. Viramos o principal assunto da internet e de programas de celebridade.

Eu queria desaparecer do mundo. Imaginem a minha situação? Sou jornalista, trabalhava como editora-chefe da principal emissora da Bahia, afiliada da TV Globo. Sempre fui muito correta, tenho caráter, sempre fui ética e reservada. De repente, estava metida numa confusão daquelas. Fiquei constrangida por invadirem minha privacidade. Fiquei constrangida ao ir trabalhar. Tive que ligar para meus pais para acalmá-los porque aquilo era muito para eles. Aconteceu de uma forma grotesca e desrespeitosa.

Quando me formei jornalista, tive alguns chefes que me fizeram entender o impacto que uma notícia pode ter na vida de alguém. Por isso, a importância de apurar bem a informação antes de colocar no ar ou publicar. Mas nem todos tiveram essa formação e a ética do jornalista é exatamente a mesma que ele tem como cidadão, como pessoa. No final das contas, por ter acontecido no meio do carnaval e ter se concentrado na periferia da internet, não houve grande repercussão. Mas nem eu nem ela negamos nada.

Nossa advogada entrou em contato com os veículos negando o flagra e pedindo retratação, mas a maioria entendeu que ela estava negando nosso romance. Não era o que queríamos, mas resolvemos deixar para lá e vivermos nossas vidas. Nem eu nem ela negamos a informação a ninguém. Meus colegas comentaram, e eu disse que estava com ela sim. Ela fez o mesmo para artistas e amigos que perguntaram durante o carnaval. Estive todos os dias no trio elétrico dela. Trabalhava e ia encontrá-la no meio da multidão. Ela só se acalmava quando eu chegava. Todos os dias, desceu do palco para me dar um beijo, me abraçar e dizer que estava com saudade. Eu estava ali, não me escondi, não nos escondemos, nem nos intimidamos.

Trio elétrico

Na madrugada do dia 3 de abril, lembrávamos da situação no carnaval, que nos assustava por nos fazer reféns. Pensamos em dar a notícia para um veículo importante e sério, mas não era isso que queríamos. Não queríamos "ser notícia". O desejo das duas era comunicar nossa união, nosso casamento. Tínhamos discutido alguns dias e passamos aquela noite brigando porque não sabíamos o que fazer.

Quando o dia amanhecesse, Daniela teria que fazer uma série de entrevistas com diversos veículos de Portugal para falar sobre os shows no país. Alguém ia ver a aliança e perguntar o que era aquilo. Afinal de contas, ela estava separada. Todos sabiam. E aí? O que fazer? Mentir? Tirar a aliança? Viver escondida? Mas porque fazer isso se não estávamos cometendo crime nenhum?! DESESPERADOR. Eu cogitei várias vezes tirar a aliança. Ela parava, me olhava, olhava para a mão e dizia: "Não vou tirar. É o símbolo do nosso amor".

Não tínhamos comunicado a quase ninguém sobre nosso casamento. Um dia depois, em Paris, contei à minha irmã Zilma. Daniela conversou com a filha mais velha Giovana. Mas contamos apenas que havíamos colocado aliança e pedimos segredo absoluto. Nem cogitamos contar para o mundo. Minha família não sabia, tampouco a dela. Nossos amigos não sabiam. Os empresários dela também não. Parecíamos duas meninas levadas aprontando. Todos viam que estávamos namorando, mas ninguém tinha conhecimento de que havíamos nos casado.

E a gente ali, discutindo como contar a notícia ao Brasil e ganhar a sonhada liberdade. Nós realmente não sabíamos o que fazer, nem como fazer. Foi neste momento que sugeri pedir ajuda a uma grande amiga minha da época em que morei em São Paulo (entre 1996 e 2003). Cristiane Albano é uma publicitária experiente e muito sensata e aconselhou que fizéssemos o comunicado de maneira simples e direta pelo Instagram.

Daniela...

Daniela gostou da ideia, mas achou que não era bem isso. Ela queria que ninguém tivesse a menor dúvida do que estávamos anunciando ali, queria que a notícia chegasse a mais gente. Ela queria gritar de forma libertadora que estava casada comigo.

Eu...

Eu entendia que aquilo era uma ambição mais do que legítima. Vinha de uma pessoa com quase 30 anos de vida pública, de uma mulher sensível e poderosa que sabia que não podia ficar quieta e acuada. Eu e ela tínhamos certeza do que havia entre nós. Sabíamos que não era um amor de verão e que o sentimento que havia ali era transformador e forte como um raio. Eu entendia a vontade que ela tinha de falar mais alto, de ser ouvida por mais gente.

Ser famosa é como estar sempre na vitrine, sujeita à incompreensão e a duros e injustos julgamentos do mundo.

Não há como me conhecer somente por entrevistas e shows. Todos ficam desconfiados de quem aparece na televisão. Eu entendo e acho que sobrevivo bem a tantas provas de integridade.

Escolhi não fazer campanhas políticas para manter minha neutralidade e usar meu poder de comunicação para causas de interesse público. Sempre me posiciono sobre diversos temas importantes e ser bem-sucedida profissionalmente me deu poder e liberdade. Isso é fantástico!

Como tenho uma capacidade imensa de comunicação uso-a para minha militância social.

Eu disse a minha mãe que tudo lá em casa era muito solto, que não havia horários definidos para estudar, nem pra comer ou brincar e ela me disse: "havia sim, você que não respeitava limite!". Então já nasci no infinito, no espaço maior que os outros, num mundo diferente? A liberdade já morava em mim mesma e eu não sabia? Eu só tinha que olhar para dentro? Toda prisão está dentro e não fora.

Liberdade para mim é ter livre-arbítrio, é fazer o que eu acho certo, é não seguir conceitos que não me interessam. Vou questionando e cortando-os da minha vida. Padrões católicos e outros. Afinal, nunca fui Maria vai com as outras.

E aprendi que não importa a realidade, mas a nossa ficção ou interpretação emocional da realidade.

Não importa o fato em si, mas o que causou em mim. E eu sei que tristezas acumulei, que solidões, que abandonos e que liberdade conquistei sem sair da minha casa, no bairro de Brotas, em Salvador, onde nasci.

Eu tenho uma lembrança de ter saído de bicicleta, com a barriga no banco, era pequena, uns quatro anos mais ou menos e já vencera o portão de casa e tomara a rua, a mesma que se tornou palco de minha cantoria.

Ali eu ganhei o mundo, me senti dando voltas na Terra como naquelas motocicletas de circo que giram numa imensa gaiola. O bairro era como o mundo, já que a casa e o quintal já eram para mim imensidão. Ah, a rua! E tinha era gente lá fora, muitos passavam.

Até uma banda marcial ensaiava na minha rua, sempre aos domingos, perto das comemorações do dois de julho ou do sete de setembro, quando aconteciam as paradas de Independência.

A liberdade era independência e independência já era a minha solidão no meio do milharal, do meu quintal, me balançando na gangorra onde eu voava, voava!

E desde quando criança precisa de asa?

Aprendi a sentir a liberdade por intuição. E então nunca mais me esqueci dessa sensação. Outro dia, eu disse: Quem não conhece a liberdade não sabe o que é prisão.

Eu não aceito desaforo, não reclamo de muita coisa. Mas não sou passarinho d gaiola, nem canto por obrigação. Se me mandar fazer o que não sinto simplesmen não faço.

Nasci assim, sem papas na língua, sorrindo às vezes e outras me entristecendo co a crueldade do ser humano e com a falta de compreensão.

Encontrei essa nave espacial, a música. Esse canal divino é a minha conexão co as pessoas.

Eu ando por aí me despindo de padrões, que não mais me servem. A minha alma é a anágua da pele, da carne. Essa roupa de baixo que expõe toda a verdade, a criatividade, não tenho pudores, quebro barreiras, fronteiras por força da intuição. Na dança devaneio no espaço, na melodia chamo Malu de Maria. Ela Maria por que Maria é a ave poderosa, o feminino do mundo. Do meu mundo.

Ela é minha Maria desde o dia que nos beijamos pela primeira vez perto de uma igreja em Salvador, às seis da tarde e o sino tocou. Tive certeza de que não estávamos sós, que Nossa Senhora estava conosco.

Nossa Senhora representa, para mim, todas as mulheres do mundo. E sempre soube que a terra era fêmea e que as mulheres eram o que de mais seguro e sólido pode haver. Mulher é sinônimo de segurança, de força. Não há força física que supere a garra de uma mãe para proteger um filho. Há homens que conhecem um sentimento parecido, mas porque antes houve uma mulher para protegê-los como filho.

Nunca me senti tão frágil diante de outra pessoa. Nem sabia porquê, o medo devia ter me afastado dela, mas quanto mais medo sentia, mais me era impossível não insistir em revê-la.

Eu não a conhecia, mas sabia de tudo.

Que loucura! Foi um mergulho quase suicida. E ela me beijava, me preenchia e ao mesmo tempo me roubava toda a segurança que eu acumulara nesses anos de vida.

Mais jovem do que eu, como podia ser tão firme?

Pensei: Daniela respire fundo, um pouco de calma, com paciência e sabedoria ela virá.

Que nada, ela era mais desconfiada do que eu pudera imaginar.

É bicho que nunca ninguém vai domesticar, ela tem nobreza, ela sabe tudo, mesmo sem saber.

E resiste, resiste, mas uma hora eu hei de segurar esse bicho solto, essa alma arredia e fazê-la minha. Não para prender, só para viver perto de sua força e capacidade de amar com tamanha generosidade. Tanto amor que até preencheu esse buraco que tinha aqui no meu corpo. Um amor desses de louco, de louco.

Como comunicar nosso casamento

A gente chegou a pensar em dar a notícia para um jornalista sério. Mas não era aquele o nosso desejo. Quando se faz algo assim, simplesmente damos a oportunidade a alguém de noticiar em primeira mão. O que gostaríamos era comunicar para todo mundo que estávamos casadas. Minha amiga Cristiane deu a sugestão de um vídeo com fotos nossas, dos cinco filhos, da família toda, de amigos íntimos. Inicialmente, achamos que aquilo podia funcionar. Estávamos em Lisboa, Portugal. Tivemos dificuldade para conseguir as fotos e também para escolher! Mandamos tudo para São Paulo onde o vídeo foi lindamente editado. A música-trilha era "iluminado", de Vander Lee, gravada por Daniela. O vídeo ficou lindo, emocionante. Recebemos o produto final na noite do dia 2 de abril, assistimos e desabamos em lágrimas e medos.

O efeito foi contrário do previsto: nos sentimos expostas demais. Não. Eu definitivamente não queria ter minhas imagens, nossas imagens rodando o país com aquele grau de intimidade.

A sensação de frustração, criada pela expectativa de receber o vídeo, gostar dele e, no final, decidir não usar, era enorme. Pior do que isso era não ter uma solução para o que queríamos: comunicar nosso casamento.

E foi neste momento que o impasse virou uma discussão, um desentendimento. A briga fez com que ela acendesse um cigarro e me fez ir para a cama sozinha, triste. Daniela passou a noite praticamente em claro. Ligou para Cristiane, agradeceu o vídeo e passou horas conversando com ela sobre nossas dúvidas e anseios. Cris entendeu tudo e acalmou o coração dela.

Eu tinha me rendido ao cansaço. Dormi profundamente. Acordei com aquela sensação de ressaca moral. Olhei para o rosto lindo dela que já me olhava antes mesmo de eu abrir meus olhos tristes. Ela me contou sobre a noite que teve, nos perdoamos e recomeçamos a discussão sobre o que fazer e como fazer.

Dali a poucas horas as entrevistas começariam no salão do hotel e, provavelmente, perguntariam sobre a aliança. Voltamos a falar sobre a ideia de colocar fotos no Instagram. Chegamos à conclusão que não era exatamente o que queríamos, mas era uma solução simples e que, de qualquer forma, era um jeito de tomar a comunicação para a gente. Ou seja: ter controle de como sairia a notícia era fundamental.

Sabíamos que o Brasil vivia um momento de repúdio ao presidente da Comissão de Direitos Humanos da Câmara dos Deputados, o pastor Marco Feliciano. Durante nossa viagem de férias, vimos notícias sobre os protestos populares e de artistas contra a permanência dele na presidência da Comissão. Lemos todas as declarações absurdas do deputado sobre negros e gays e nos indignamos milhares de vezes. Conversávamos sobre isso durante a viagem, mesmo antes de trocarmos as alianças.

Apesar disso, era o amor que importava para ambas. Sabíamos que o anúncio teria um peso político, mas nossa intenção era falar do nosso amor e encontrar uma forma simples e elegante de dizer que nos amamos para termos uma liberdade plena, como deve ser para todo mundo. Tínhamos visto os selinhos que os artistas estavam dando uns nos outros para protestar contra o discurso homofóbico e racista do pastor.

No dia que antecedeu a publicação no Instagram, viajamos com dois amigos pelo interior de Portugal. Era o nosso último dia de férias. Foi muito agradável e divertido. Eu e Daniela conhecemos as cidades de Fátima e Óbidos na companhia de Cristiano Saback (meu amigo há 20 anos), que mora na Bahia, e Farooq, um jovem e simpático londrino que havíamos acabado de conhecer. Eu amo fotografia e sempre que posso e tenho tempo, me aventuro em registros de paisagem, pôr do sol, casas, grades de casas e outras coisas simples que atraem meu olhar. É o meu hobby. Tenho uma câmera profissional sempre ao meu lado. Nesse passeio, pedimos para Farooq e Cristiano tirarem fotos nossas.

Passeio a Óbidos e Fátima
com Farooq e Cristiano

Daniela é sempre muito engraçada, bem-humorada e brincalhona. Ela sabe que não gosto de ser fotografada e que sou extremamente tímida. Não gosto de ser observada, nem "mirada" por lentes. Por isso, a cada vez que parávamos para tirar uma foto, ela tentava me beijar na boca, fazia gaiatices e foi numa dessas brincadeiras que nasceram todas as fotos do Instagram que ficaram famosas para sempre e que compõem a capa deste livro.

São sequências dela tentando me agarrar e me tirar do sério por causa da minha timidez. Na verdade, ela não pode saber nunca, mas morro de rir com essa brincadeira. Acho fofo! Tínhamos acabado de conhecer Farooq e ele se divertia muito com a gente. Ele percebeu a brincadeira dela e apertou o disparador da câmera fazendo uma sequência de fotos dela tentando me abraçar. Desses cliques escolhemos as mais bonitas para colocar no Instagram. Aliás, escolhemos o Instagram porque era a mídia social que Daniela tinha menos seguidores e a mais utilizada por ela para postar imagens mais pessoais.

Doce Rainha

De volta ao quarto de hotel em LISBO

"Malu agora é minha esposa, minha família, minha inspiração pra cantar".

O que queríamos deixar transparecer nas fotografias que seriam usadas na comunicação oficial era o nosso amor, cumplicidade, compromisso e paixão

Foram quatro fotos que transformaram não só a nossa rotina, mas, imagin também, a maneira de pensar de muitos brasileiros. Escolhemos juntas rapidamente, passando o olho em quase 300 fotos da viagem de féria Nem baixamos o arquivo no computador. Usamos o celular para tirar a fo do visor da câmera. Eu (editora) editei as imagens, e ela (poetisa) escreve o que estava sentindo.

Tudo pronto, olhamos uma para a outra, e antes que eu terminasse a p gunta "você tem certeza?", ela apertou o compartilhar do Instagram. Eu um grito: "Você é louca!!!". Uma excitação, uma alegria e uma sensação que estávamos descendo de tobogã direto para o nada ou para tudo tom nosso corpo.

)aniela pulava no quarto e dizia: "Agora foi. Seja o que Deus quiser!". Em uma rase, com onze palavras, comunicamos nossa união e nosso amor. E assim di- ·idimos, cheias de incertezas, nossa felicidade, com os fãs, admiradores e, ine- ·itavelmente, jornalistas.

enti uma sensação de alívio e de liberdade que durou poucos minutos. Quan- .o olhei para ver a quantidade de "curtições", percebi que a repercussão da ossa história ia ser muito maior do que a que estávamos imaginando. m minutos também, a notícia já estava em outras redes sociais, em sites e notícias e outros veículos. Aí nos demos conta de que não tínhamos avisado nossas famílias, nem aos empresários de Daniela, nem à assessoria de comu icação, ninguém! A gente ria de desespero e de felicidade.

u, que havia dito a ela que colocasse primeiro no próprio Instagram e que só epois eu colocaria no meu, havia desistido de continuar com aquilo. repercussão já estava fora de controle. Não fazia sentido eu reiterar nada. ânico era meu nome e já estávamos atrasadas para a série de entrevistas .ie Daniela faria sobre os shows que apresentaria em Portugal. Só deu tempo ligar para a assessoria de imprensa dela e dizer que havíamos soltado 'bomba". Falamos isso rindo. Duas malucas.

AS ENTREVISTAS

Tinham sete veículos agendados. Um na sequência do outro. Descemos e comunicamos imediatamente à assessora de comunicação de Portugal, explicamos que não queríamos chamar a atenção para o que havíamos acabado de fazer, mas que Daniela não se furtaria a falar caso alguém perguntasse sobre o assunto. Não dá para fazer uma coisa dessas e pedir para não falar sobre o assunto. Achamos que havia uma importância mais profunda no esclarecimento de questões relacionadas à sexualidade, à liberdade e ao respeito dos direitos humanos. Demos início às entrevistas. Daniela atendeu a primeira equipe, a segunda, a terceira, a quarta, a quinta e a sexta e nenhuma pergunta sobre nós. A cada intervalo, nos divertíamos porque havíamos escapado.

Os jornalistas portugueses ainda não tinham visto a notícia no Instagram. A última equipe, que Daniela atendeu já no fim do dia, essa sim, acabou fazendo a pergunta sobre o nosso relacionamento. Aquela seria a primeira de muitas que se seguiriam depois do anúncio do nosso casamento. Daniela respondeu com muita tranquilidade, com muita segurança, com uma certeza tão grande, que me fazia sentir coragem de ser mais livre ainda.

Foi então que recebemos o pedido do Jornal Nacional. Eles queriam uma entrevista, mas já não dava mais tempo. Pediram pelo menos uma frase de Daniela comentando a notícia. Daniela disse que comunicou o nosso casamento com a mesma naturalidade que tratou outras relações. Disse ainda que esta era uma postura afirmativa da liberdade e uma forma de mostrar sua visão de mundo. Ela ainda aproveitou para criticar a postura do deputado Marco Feliciano. Tudo o que decidimos e esta declaração dela foram noticiados naquela mesma noite, com grande respeito, pelo apresentador e editor-chefe do Jornal Nacional, William Bonner. É o noticiário mais importante da TV brasileira, em horário nobre, na maior emissora do país.

Ali, naquele momento, tomamos consciência plena da grandeza do nosso gesto. Percebemos que nossa história tinha uma força muito grande. Acho que foi ali também que o "gigante" das manifestações que aconteceriam meses depois no Brasil começou a acordar.

À noite, depois de um dia confuso, cheio de ligações do Brasil feitas por uma assessora de comunicação enlouquecida e muitas dúvidas na cabeça, eu e ela fugimos do mundo e fomos jantar. Estávamos exaustas. Conversamos um pouco e discutimos como seria dali para frente. A verdade é que não tínhamos ideia do que aconteceria.

Voltamos para o hotel tarde e, finalmente, paramos para conversar com nossos pais. Ela ligou para os dela. Disse da maneira mais clara possível que eu e ela estávamos felizes e que eles não se preocupassem. Ficou um bom tempo com a mãe no telefone e depois com o pai. Na sequência, pediu para eu ligar aos meus, mas eu estava tão fragilizada que não tinha forças. Disse a ela: “Ligue você para eles”. Falei da boca para fora. Nunca imaginei que ela ligaria. Não acreditei quando ela pegou o telefone e discou. Mulher corajosa e determinada mesmo.

Confesso que estava tão emocionada que só conseguia chorar. Uma mistura de medo, felicidade e incertezas. Meus pais ouviram quase o mesmo que ela havia dito para os pais dela e reagiram muito bem (ou simplesmente estavam em choque. Risos). Depois tomamos algumas taças de vinho do Porto (nossa bebida favorita), conversamos a noite toda e adormecemos cheias de ansiedade e sonhos de um futuro mais tranquilo.

O dia seguinte

A noite foi curta e o despertar, bombástico. No dia seguinte, estávamos nas capas de grandes jornais e éramos notícia em todos os veículos do Brasil. Eu estava assustada, apavorada, enlouquecida de pânico. Ela, como sempre, ria de mim e para mim. Um sorriso tão lindo que me acalmava. Parecia que a solução de todos os nossos problemas estava ali na minha cara, no sorriso dela, nas covinhas de criança que apareciam sempre que ela tentava me alegrar.

Os assessores ligavam loucamente. Todas as grandes revistas queriam entrevistas. As emissoras de TV, sites e jornais também. Não tínhamos a intenção de ficar falando sobre o assunto, mas era inevitável. Eram muitos pedidos. Conversamos e resolvemos escolher os principais veículos para dar umas três ou quatro entrevistas. Era importante falar abertamente sobre o assunto. Já tínhamos a dimensão da importância política e social do anúncio do nosso casamento.

Milhares de mensagens chegavam pelo Facebook e outras redes sociais. Eram histórias de pessoas que tinham tomado coragem para falar com a família, de gente que tinha se sentido valorizada pela primeira vez, de cidadãos que começavam a se libertar, andando com altivez com seus amores.

Artistas e personalidades nos deram apoio. Muitos apresentaram seus amores para a imprensa e para os amigos. Era um efeito dominó. Cantores, poetas, jornalistas, acadêmicos, pensadores escreviam textos emocionantes e sinceros sobre a coragem do nosso ato.

Ficamos emocionadas ao ler cada mensagem de apoio. Várias vezes choramos ao ver os comentários sobre nossa decisão de tornar público o relacionamento. Estávamos sensibilizadas demais. A emoção era por causa do número de pessoas que havíamos conseguido atingir. Percebíamos que a nossa comunicação tinha sido eficiente. Daniela via tudo com muito mais clareza do que eu. Via o que eu, pouco acostumada a holofotes, ainda enxergava turvamente.

O dia seguinte ao turbilhão do nosso anúncio foi ainda mais estranho para mim. Daniela tinha o ensaio geral do show que apresentaria nos próximos dias. Era o primeiro contato com a equipe dela e com os filhos Gabriel e Giovana. Eu conhecia os dois há alguns anos. Eles já eram meus amigos, já tinham conhecimento de que estávamos namorando e Giovana sabia das alianças. Mas não contamos a eles do Instagram porque foi tudo muito rápido. A decisão, a forma de comunicar, o Instagram, tudo foi a jato. Para complicar ainda mais, eles embarcaram praticamente em seguida do Brasil para Portugal. Estavam no voo quando a notícia começou a reverberar. Depois, chegaram cansados em Portugal e foram dormir. Quando acordaram, a repercussão já tinha ganhado o Brasil e até outros países como a Argentina, Espanha, Rússia e, claro, Portugal.

DANIELA MERCURY "SAI DO ARMÁRIO" E ATACA FELICIANO

Musa do Axé divulga em rede social fotos em clima de romance com sua "esposa", uma jornalista baiana

O canto da cidade e do país, ontem, foi de Daniela Mercury. Começou de manhã, quando a cantora fez pelo Instagram uma emocionada declaração de amor a outra mulher. E terminou à noite, com outra declaração de Daniela — desta vez de guerra — ao pastor Marco Feliciano (PSC — SP), presidente da Comissão de Direitos Humanos da Câmara, acusado de racista e homofóbico.

"Numa época em que temos um Feliciano desrespeitando os direitos humanos, grito meu amor aos sete ventos. Quem sabe haja ainda alguma lucidez no Congresso brasileiro!", escreveu Daniela em comunicado.

[...]

O deputado Jean Wyllys (PSOL - RJ), defensor do Congresso da causa gay sacou um Guimarães Rosa: "A vida requer coragem! Parabéns, @danielaMercury pela coragem e sensibilidade!".

Ivete Sangalo também pelo Twitter mandou seus votos: "Meu bom dia especial de hj vai para @danielaMercury. Seja muito feliz querida, vc é um luxo!! Muito amorrr".

Repercutiu em Brasília, durante a reunião da Comissão do Direitos Humanos da Câmara. Como Feliciano havia ordenado que o encontro fosse fechado ao público, manifestantes contrários à permanência do pastor na Comissão fizeram-se ouvir cantando do lado de fora hits da baiana, como o "Canto da Cidade".

"Daniela Mercury sai do armário e ataca Feliciano", in *Folha de S. Paulo*, 4 de abril de 2013.

Em Teresina, manifestantes usam máscaras com o rosto de Daniela para protestar contra Marco Feliciano.

Fotografia: Yara Pinho/G1

DEPOIS DAQUELE BEIJO

A cantora pop Daniela Mercury assume um relacionamento gay – e, com isso, coloca a questão homossexual irreversivelmente na pauta política

Não houve outro assunto nas redes sociais na quarta-feira, 3 de abril. O nome da artista esteve nos tópicos mais comentados do Twitter. No Google, em poucas horas havia meio milhão de referências sobre o tema. O casal gostou da reação do público. "O apoio dos brasileiros mostra que somos um povo avançado e civilizado. E mais uma vez os brasileiros mostraram que Feliciano não nos representa", afirmou a cantora, em entrevista a ÉPOCA.

[...]

"A intenção era comunicar nosso casamento, mas coincidiu com o momento que o Brasil vem passando", diz Malu, mulher de Daniela. "É muito bom que algo pessoal de alguém importante como Daniela sirva para uma luta em que ela acredita e que defende." Em momentos assim, o ato individual, feito em público, torna-se político. Ao declarar seu amor para todos que quisessem saber, Daniela fez política.

[...]

No Brasil, tal assunto em geral é considerado de foro íntimo. As poucas celebridades que se assumiram gays em público nunca fizeram disso uma bandeira. Nesse sentido, o ato de Daniela Mercury é inovador. Estrela da música pop nacional, ela é provavelmente a primeira celebridade de seu tamanho a assumir-se gay com propósitos políticos.

"Depois daquele beijo", Flávia Yuei Oshima, Margarida Telles, Marcos Coronato, Martha Mendonça e Thaís Lazzeri, Graziele Oliveira, Júlia Korte e Marcos Coronato, in Revista *Época*, 13 de abril de 2013.

DANIELA MERCURY CRITICA "FELICIANOS" E ASSUME RELAÇÃO HOMOSSEXUAL

"Conquistas, a gente não pode esquecer", diz a cantora.

RIO — No mesmo dia em que o Paraná regulamentou o casamento civil entre homossexuais, Daniela Mercury postou na rede social Instagram fotos com a jornalista Malu Verçosa e escreveu: "Malu agora é minha esposa, minha família, minha inspiração pra cantar". Daniela não é a primeira cantora brasileira a assumir a homossexualidade.

[...]

Em nota, a cantora disse que "comunicou o casamento com a mesma naturalidade com que tratou outras relações". Ao site G1, Daniela criticou o deputado Marco Feliciano, presidente da Comissão de Direitos Humanos. "Sou apaixonada por Malu, pelo Brasil, pelas liberdades individuais. Eu acho que conquistas a gente não pode esquecer. Não podemos andar para trás, como os felicianos da vida!".

"Daniela Mercury critica 'felicianos' e assume relação homossexual" in *O Globo*, 3 de abril de 2013.

EXCLUSIVO
O estranho caso do inglês que Lewandowski mandou prender e, depois, mandou soltar
POLÍCIA
Um crime bárbaro no Rio de Janeiro chama a atenção para a violência contra a mulher
COLUNAS
Walcyr Carrasco e a vida dura de quem procura empregada
Felipe Patury e a vida dura de Eduardo Campos contra o PT
Bruno Astuto e a vida dura do cantor Leo assediado pelas fãs
ÉPOCA
www.epoca.com.br
ISSN 14155494
8 ABRIL 2013 | Nº 776 | R$ 9,90
Com a bandeira GAY
Daniela Mercury transforma em protesto político o ato de assumir seu lado homossexual
diz Daniela a ÉPOCA

VIDA
COMPORTAMENTO
DEPOIS DAQUELE BEIJO
A cantora pop Daniela Mercury assume um relacionamento gay - e, com isso, coloca a questão homossexual irreversivelmente na pauta política
www.correiobrazil se.com.br
EIO BRAZILIENS
O amor
npos de Felician
FILHA DO REI ESTÁ SOB SUSPEITA NA ESPANHA
HÁLITO, BOM OU RUIM, É UMA MARCA PESSOAL
TESTE CONTRA DENGUE EM APENAS 10 MINUTOS
VIOLÊNCIA | Choro pela paz
Patrões terão Refis para as dívidas com domésticas
Ciclofaixas
Professores
Brasília vê redução no número de sequestros
EUA ensaiar guerra cont os coreano
CLASSIFICADOS | 13.644 OFERTAS

O estilista Alexandre Herchcovich postou uma foto beijando o namorado no Instagram em homenagem à Daniela Mercury e Malu com o seguinte comentário:

> "Esta foto é pra você @danielaMercury que nos surpreendeu hoje com a coragem de expor sua vida. Seu talento e carisma jamais serão diminuídos pelas suas escolhas. A partir de hoje você está sendo mais admirada e continua fazendo história neste país".
>
> Por Alexandre Herchcovich, em 04/04/2013

Elisa Lucinda fez um belo texto de apoio ao casal no Facebook com o seguinte título: *La Mercuri – Ser ou não ser.*

> "La Mercuri tratou o seu amor como todos os amores devem ser tratados: declarando-se publicamente, sem fugir e mais que isso representando, dando voz e coragem aos que sofrem, são discriminados, que não têm o direito de celebrar publicamente o seu laço amoroso. É também ela a voz dos enrustidos que se sentem, ou expostos (o que é muito bom) ou encorajados a viver uma vida menos tensa, o que é muito melhor. É sempre triste passar a vida tentando parecer o que não se é. Seja pra que lado for." [...]
>
> "Assino embaixo a decisão linda das meninas baianas e em especial de Daniela que, ao por sua verdade na mesa deixa-nos a todos um novo caminho a se seguir respeitando as verdades nossas e as alheias. Sociologicamente é muito saudável para o país, este que luta pelos direitos humanos, pela dignidade, essa coragem da estrela Daniela. Ninguém inventa ou escolhe ser gay. É-se. Somos híbridos: roseira, mato, trovão, estrela e céu. Como ocorre na natureza, cada um com a sua beleza. Cada um tem o seu modo e o seu jeito. E o amor não tem preconceito."
>
> Por Elisa Lucinda, em 11/04/2013

Texto escrito por Pedro Alexandre Sanches no blog *Ultrapop* do Yahoo:

O canto trovejante de Daniela Mercury

"Daniela não se utilizou de intermediários midiáticos para falar de sua vida real. O Instagram lhe serviu de palanque e diferencia este momento, por exemplo, daquele, controverso, em que a também cantora Ana Carolina se disse bissexual à revista Veja e atraiu para si a irritação tanto de heterossexuais quanto de homossexuais. Vejamos bem, Daniela não veio a público declarar "eu sou homossexual", "eu sou bissexual" ou "eu sou heterossexual". Ela disse, apenas e simplesmente, que está casada com Malu (as leis atuais, por incrível que possa parecer, permitem e as protegem). Você não tem que gostar ou desgostar (a menos que queira invadir a vida delas). Você só tem que aceitar."

Por Pedro Alexandre Sanches, em 04/04/2013

LISBOA, 4 DE ABRIL DE 2013

Já na saída do hotel senti na pele como é viver sendo alvo dos paparazzi. Fotógrafos escondidos em árvores, jornalistas nos seguindo de carro. Eu estava assustada, APAVORADA, sem entender aquilo tudo. Falava para Daniela: "Não fizemos isso para ficar em paz? O que houve? Vou ficar no quarto do hotel em Lisboa para sempre!!!!". Eu tenho o hábito de falar rindo quando estou nervosa. E isso sempre fazia com que ela gargalhasse.

Daniela tentava me acalmar dizendo que era para eu me acostumar já que, a partir de agora, minha vida havia mudado. Eu, com minha "experiência" em notícias, dizia a ela que o furor ia passar e que tudo voltaria ao normal rapidamente. Ela retrucava dizendo que não ia passar mais e que o interesse não ia diminuir. Era impressionante a clareza que Daniela tinha de tudo. Clareza e calma. A calma dela chegava a ser irritante. Às vezes eu ficava brava. Muito paciente, ela me abraçava e me dizia que eu acabaria me habituando àquilo tudo. Chegamos ao ensaio. O lugar era enorme, do tamanho de um ginásio de esportes. A equipe dela de músicos, bailarinos, técnicos, empresários estava toda ali. Eles nos olhavam com um misto de "susto" e de admiração. Eu continuava rindo de nervoso. Dam ria de felicidade e excitação.

havia dezenas de solicitações de entrevistas para veículos de rtugal e também do Brasil. O Fantástico, a *Veja*, a *Época* e todos os es e jornais impressos queriam um depoimento de Daniela, uma claração.

scolhemos o Fantástico, a *Veja* e a *Época* para Daniela dar entrevista. u não queria me manifestar, só queria ficar morando no quarto do otel. Negociei muito com a jornalista de *Veja* para Daniela ser a capa a revista sem mim. Fechamos. Daniela topou. Ela estava certa ao me izer que seríamos capa posando ou não para fotos. Eu não queria me xpor mais, não queria fotos, queria proteger nossa intimidade.

Iarcamos o ensaio fotográfico em um dos salões do hotel. Fizeram nilhares de cliques. Eu fiquei um pouco e subi para o quarto. Queria lguma tranquilidade. Poucos minutos depois ela subiu para me uscar e para trocar de roupa. Disse que sentia minha falta e que ião estava bem em fazer a sessão sem mim. Eu concordei em descer com ela para fazer companhia, mas disse que não faria nenhuma oto. Ela tirou mais algumas dezenas de fotos e, no fim do ensaio, me pediu de novo para tirar uma foto com ela. Dam dizia que não inha feito aquilo sozinha, que não tinha casado sozinha. Eu tentava argumentar. Foi quando ela me agarrou, me segurou forte e eu, gritando, fui clicada com ela para a capa que ficou para a história do Brasil. O produtor e maquiador Ricardo Brandão que sempre nos acompanha disse: "Não sei para que tantas fotos. A que valeu foi essa de vocês duas juntas". Ele estava certo.

REVISTA *VEJA*

A Revelação pública de Daniela

Ao anunciar a união com uma jornalista de televisão, a quem chama de esposa, a cantora baiana Daniela Mercury tornou obrigatória a discussão sobre o casamento gay no Brasil.

"Seja o que Deus quiser, Malu." Daniela Mercury olhou para a companheira, em um quarto de hotel de Lisboa, onde esteve na semana para uma série de shows, tocou no ícone compartilhar do Instagram e pôs no ar uma colagem de fotos dela com a jornalista Malu Verçosa, editora na TV Bahia, afiliada da Globo. No cabeçalho, escreveu a frase que provocaria mais de 17000 reações de "curtir" coladas à revelação: "Malu agora é minha esposa, minha família, minha inspiração para cantar". E o Brasil inteiro fico sabendo que ela saíra do armário, como se diz no jargão popular para definir a pessoa que assume sua homossexualidade, e qu decidira trocar alianças – mas ainda não assinar os papéis no cartório - com a namorada recente, de apenas dois meses e meio (na cronometragem oficial, descontado o período de segredo). Houve estardalhaço – saiu no Jornal Nacional.

Gabriela Carelli *in* revista *Veja*, 6 de Abril de 2013

[...]

"Estou feliz, estou amando"

De Portugal, onde está fazendo shows, a cantora Daniela Mercury falou a Veja

Por que a senhora resolveu tornar pública essa relação?

Porque quis ter minha dignidade preservada. Como todo mundo, quero ser aceita, ter liberdade, ser respeitada. Não suportaria ficar escondida. E o único jeito de não ficar escondida, com medo das fofocas, foi tratar isso como uma coisa natural – que, de fato, é.

A senhora disse que o fato de o deputado Marco Feliciano ter assumido a presidência da Comissão de Direitos Humanos influenciou a decisão de falar sobre a sua união. Em que medida?

Claro que esse contexto político, a inadequação desse deputado ao posto, tudo isso me deu força. Mas eu acho que, quanto mais se falar das relações homossexuais, mais elas vão se tornar naturais para outras pessoas.

[...]

A senhora acha que outros artistas gays devem falar abertamente da sua condição?

Acho que isso é importante, mas não obrigatório. Muitas pessoas certamente se sentiriam apoiadas se vissem artistas falando disso. Mas, assim como ninguém tem de se posicionar politicamente, também não tem de se posicionar sobre a sua sexualidade.

O que a encanta na Malu?

O caráter firme e ético dela. A personalidade forte. A segurança dela.

Sua coragem de expor publicamente a relação rendeu muitos elogios. Mas o que a senhora diria a pessoas, ou fãs, que eventualmente tenham ficado desapontadas com a revelação?

Sinto muito. Espero que, a cada minuto, isso fique mais fácil para vocês. Eu não quero chocar, não quero agredir. Estou feliz, estou amando e não abro mão dessa condição. Minha mensagem é de amor.

Juliana Linhares *in* Revista *Veja*, 6 de abril de 2013.

O Fantástico fez a gravação no ensaio. Mesmo Daniela, que é cheia de experiência, estava nervosa. Pediu à equipe que esperasse o ensaio chegar ao final para poder se concentrar apenas na conversa. Já começou a matéria me emocionando. Cantou "Sonho Impossível" e conversou em seguida com o repórter André Luiz Azevedo. Foram 20 minutos de entrevista. Daniela estava visivelmente emocionada. Ela, mais do que eu, sabia da importância daquele depoimento, uma espécie de testemunho de vida. Giovana ficou com a gente durante toda a entrevista. Aliás, é impressionante como os filhos de Daniela são amorosos e cuidadosos com ela e agora com a gente. Nana está sempre nos protegendo.

Equipe do Fantástico

A conversa foi excelente. Daniela, perfeccionista, sempre acha que podia ter falado mais, que podia ter feito melhor. Mas eu estava segura da qualidade daquela gravação, daquele depoimento. Sabia que ela ia alcançar ainda mais o coração dos brasileiros e que libertaria muitas famílias que tinham gays e viviam escondendo isso do mundo.

O Fantástico fez da nossa reportagem a principal do domingo. Era o destaque do dia na revista eletrônica mais importante do Brasil. Quem ainda não tinha visto o que havíamos feito, com certeza, viu naquela noite. Tínhamos acabado de chegar de Portugal. Entramos em casa poucos minutos antes da reportagem começar. Assistimos com nossas três meninas (Márcia, Ana Alice e Ana Isabel). Aproveitamos para perguntar como tinha sido na escola. O que os coleguinhas tinham falado. Um ou outro tinha feito alguma brincadeira, mas a maioria deu parabéns às mais velhas pela nossa atitude. Percebemos que elas sentiam orgulho das mães.

Ser capa das revistas semanais e dos jornais mais importantes do país foi importante, mas o que achamos revolucionário mesmo foi ser capa da *Contigo*. Afinal, era uma revista de celebridades, que costuma mostrar a tal "sociedade" em que os gays aparecem sempre com "amigos ou amigas".

A manchete da **Contigo** foi: **"A história de amor de Daniela e Malu"**. Demos uma entrevista curta, por escrito, respondendo a três ou quatro perguntas. Mesmo assim, eles fizeram uma reportagem gigantesca, falaram sobre nossa intimidade (até hoje não sabemos de onde tiraram tanta informação!) e ousaram ao colocar nossa foto, a de um casal gay, na capa.

ONDE O TALENTO ACONTECE
www.contigo.com.br
contigo!
50
ANO
R$ 8,90
11 abril 2013
Edição nº 1960
Abril
FOTO: CÉLIA SANTOS
Palom
Bernar
Atriz confessa
morre de ciú
de Thiago Mar
Fes
de ga
Baile reúne em
Paulo Sharon Sto
Kate Moss, Fer
Pelé e muitos m
A HISTÓRIA DE AMOR
DE DANIELA E MALU
TODOS OS DETALHES DA PAIXÃO ENTRE A CANTORA E A JORNALISTA
"PARABÉNS, CONTIGO! VOCÊS SÃO EXTREMAMENTE
CARINHOSOS E RESPEITOSOS COM AS PALAVRAS. TUDO QUE
É DITO É COLOCADO NO PAPEL. ISSO SE CHAMA CONFIANÇA.
QUE VENHAM MAIS 50, 100 ANOS!" Ivete Sangalo

Malu Verçosa pede Daniela Mercury mais uma vez em casamento por rede social.

JORNALISTA APROVEITOU A LEGALIZAÇÃO DO CASAMENTO GAY PARA FAZER O PEDIDO À CANTORA

"Eu sei que vou te amar. Por toda a minha vida eu vou te amar... A espera de viver ao lado seu, por toda a minha vida." Um dia tão importante como hoje para a história do país, com a decisão do CNJ, aproveito para declarar mais uma vez meu respeito, meu amor e minha admiração por você. Obrigada por me amar tanto e por fazer a minha vida tão espetacular a cada despertar. O casamento civil é mais uma afirmação de liberdade e do respeito diante de uma sociedade tão machista e preconceituosa. Daniela Mercury, quer casar mais mil vezes comigo?!", escreveu a jornalista.

A cantora respondeu ao pedido também pela rede social, onde declarou todo o seu amor pela mulher: "Sim eu aceito, pois te amo como num filme. Te amo com a força de um rio, de um oceano. Apenas te amo, te amo, te amo!".

[...]

A cantora Daniela Mercury também vibrou muito com o comunicado. "Hoje foi aprovado o casamento civil entre pessoas do mesmo sexo e minha mulher me pediu em casamento de novo pelo Instagram, que lindo!!!", escreveu a cantora no seu Twitter.

"Malu Verçosa pede Daniela Mercury mais uma vez em casamento por rede social" *in* Revista *Contigo* online, 14 de maio de 2013.

Nós já tínhamos alertado amigos íntimos e parentes sobre possíveis ligações de jornalistas. Queriam saber tudo de nossa vida, mas mais ainda sobre a minha. Eu era a incógnita para todo mundo. Ninguém sabia quem eu era, o que fazia, de onde tinha vindo, do que gostava, enfim, vasculharam minha vida. Invadiram meu Facebook e outras redes sociais e até fotos dos meus sobrinhos foram publicadas. Eu parecia uma criminosa apagando meus arquivos na internet. Tudo aquilo era devastador e agressivo. Tive que me adaptar e aceitar as mudanças com menos sofrimento.

AS APRESENTAÇÕES EM PORTUGAL

Os shows em Portugal seriam nos próximos dias e já não conseguíamos circular com a tranquilidade da chegada. Não dava mais para entrar pela porta da frente do hotel. Tinha que ser sempre pela entrada de serviço, com o motorista dando várias voltas e fugindo dos paparazzi. Aquela excitação toda era esquisita demais para mim. Parecia que eu tinha cometido um crime, me sentia desrespeitada.

No dia do show, chegamos cedo ao Coliseu de Lisboa na tentativa de escapar dos paparazzi. Mas de nada adiantou. Havia uma "barricada" de câmeras à nossa espera. Estavam nas ruas próximas e na entrada da casa de show. Não tinha jeito. Eu queria sair correndo. Ela estava tensa com a apresentação. E eu perdida naquele lugar ao qual nunca pertenci. Os flashes e disparadores das câmeras pareciam tiros na minha direção. Eu tinha a sensação de estar em uma guerra e não conseguir me proteger. Entrei assustada. Andei olhando para o chão. Daniela tentava me proteger, mas ela era tão vítima quanto eu. Nós nos olhávamos tentando resguardar uma a outra, mas não tinha jeito. Até para ela, que vivia há décadas sob os holofotes, era uma situação diferente. Entramos no Coliseu e fomos direto para o camarim. Ela me abraçava e pedia para eu me acalmar. Não saí de lá até a hora em que Daniela subiu ao palco.

Sempre assisti aos shows de Daniela na frente do palco, como assisto até hoje. Não gosto de ver da lateral do palco ou dos bastidores. A qualidade do áudio não é a mesma e não dá para ter a dimensão da grandiosidade do espetáculo que ela faz.

Em Portugal não foi diferente. Na hora do show, pedi para ir para a parte da frente do palco. Esperei as luzes apagarem e a equipe de produção me levou discretamente para a área reservada próxima ao palco. Consegui passar sem ser notada durante umas três músicas, depois começou o caos. Os fotógrafos queriam me fotografar, a produção tentava me proteger e em poucos minutos virou um bate-boca entre a produção, os fotógrafos e os seguranças. Quando dei por mim, vários jornalistas e fotógrafos estavam sendo expulsos da casa de show. E eu estava no meio dessa confusão toda tentando (acredite!) proteger os jornalistas. O sangue de imprensa fala mais alto nestas horas, não é? A desordem aumentou tanto que fui retirada da área reservada. Esperei o show terminar nos bastidores e, quando Daniela saiu do palco, praticamente fugimos pelos fundos. Passamos por uma porta que dava em uma escadaria "secreta". De lá, entramos no carro que estava no pé da escada nos aguardando.

MEDO

Depois dos shows em Portugal, eu estava apavorada para voltar ao Brasil. Estava com medo de voltar ao trabalho. Em contrapartida, queria muito rever meus amigos, queria o colo deles, queria olhar minha família nos olhos. Apesar de não esconder nada de ninguém em toda a minha vida, sempre fui reservada. Nunca comentei minha intimidade com colegas distantes ou com pessoas "conhecidas", que não faziam parte da minha rotina. Fora meus pais e meus irmãos, outros parentes nunca comentaram ou perguntaram sobre a minha vida sexual.

Venho de uma família de quatro irmãos. Meu pai era gerente da Petrobrás e, por isso, costumávamos mudar de cidade de cinco em cinco anos. O significado de família para mim sempre foi a de dentro de casa apenas, ou seja, meus pais, meus irmãos e eu. As mudanças constantes de cidade fizeram com que não criássemos vínculos fortes afetivos com nenhum parente. Convivemos muito pouco com tios, primos e primas. Então, nunca senti vontade, nem tive oportunidade de conversar sobre minhas escolhas e opções de relacionamento ou sobre sexualidade.

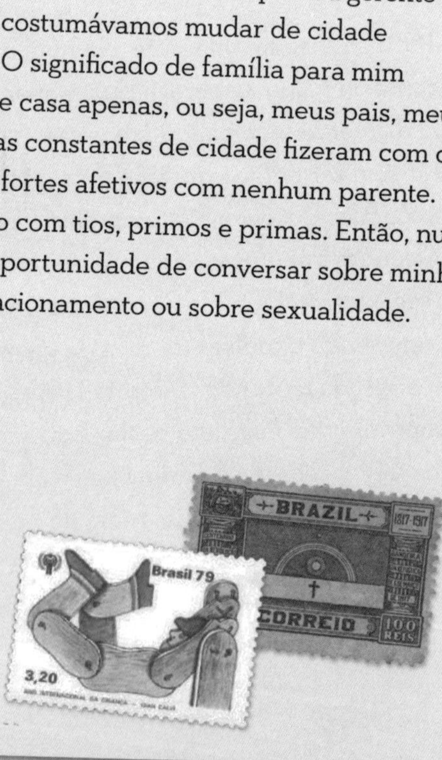

Memória

Sou a caçula da família. A diferença entre meus irmãos e eu é de oito, nove e doze anos. Como sou a mais nova, fui também a que mudei menos. E pouco antes de se aposentar, meu pai decidiu ficar em Salvador com a família. Ele não queria ir morar no Rio de Janeiro ou em São Paulo. Eu, a mais novinha que nasceu em Manaus, fui a única inteiramente criada em Salvador, onde fixei minha vida profissional e pessoal. Sou a mais baiana dos meus irmãos, fui morar na Bahia com cinco anos de idade. Criei vínculos fortes e eternos de amizade e com a cidade.

Mesmo saindo de casa muito jovem, com 17/18 anos, eu sentia que fazia parte de Salvador, minha referência comportamental estava na cidade. E foi essa referência que eu abandonei. Fui morar em São Paulo. Tinha começado dois anos antes a faculdade de comunicação. Transferi para São Paulo e comecei minha vida profissional como estagiária no Canal Rural. O dinheiro não dava para nada.

Eu dividia o apartamento com uma grande amiga que também é jornalista, hoje do Fantástico, da Rede Globo. Fiquei apenas três meses como estagiária. Logo fui contratada pelo SBT. Comecei como coordenadora de produção no TJ Brasil, apresentado pelo Boris Casoy. Era um sonho. Grandes nomes do jornalismo brasileiro trabalhavam lá naquela época. O ano era 1996. Aprendi muito.

Me dediquei. Não queria folgar, não queria ficar em casa sozinha, não tinha dinheiro para comer fora. Trabalhar era quase um presente porque eu conseguia me alimentar e escapava da solidão.

São Paulo é uma cidade maravilhosa, mas dura. O paulistano e o resto do mundo que vive lá demoram um pouco mais do que o baiano para se entregarem a um desconhecido.

Sou tímida, mas extrovertida. Parece uma contradição, mas não é. Quando chego em um ambiente novo, fico quieta. Se me olham muito, me escondo. Apesar de ser leonina, odeio chamar a atenção. Sofri muito para me adaptar em São Paulo. Depois de um ano no SBT virei produtora-executiva. Colocava o jornal no ar e aprendi isso com os melhores profissionais do Brasil. A emissora de Sílvio Santos era uma grande escola naquela época. Aos 22 anos eu já era chefe de pauta. Jovem demais, mas muito segura do que queria. Eu queria ser editora. Sempre quis. Implorava para me deixarem escrever e editar. Ficava além do horário e pedia a diretora de jornalismo para revisar o que eu escrevia. Ela me dizia: "Seu texto não é ruim. Eu nem preciso escrever tudo de novo. Apenas corrijo." Um belo dia consegui uma vaga na edição do fim de semana. Logo depois, virei editora de rede, revisava e reeditava as reportagens que chegavam de todo o Brasil. Finalmente conquistei a vaga de editor de notícias internacionais e, por último, fui para a edição das reportagens produzidas em São Paulo, que era a parte editorial mais disputada. Fiquei oito anos no SBT.

Meu coração já estava apertado há muito tempo quando resolvi voltar para Salvador. Um dia acordei melancólica, com saudade da minha cidade, triste com a cor cinza do céu, sem paciência

Fotografia:
Célia Santos

nenhuma para os engarrafamentos, louca para ficar mais perto da família. Simplesmente procurei uma amiga na Bahia e ela entregou o meu currículo na TV Bahia, afiliada da Rede Globo. Quinze dias depois me chamaram. Foi uma mistura danada de sentimentos. Medo do retorno a minha cidade e da readaptação, mas, ao mesmo tempo, a felicidade gigantesca de voltar para casa. A saudade era muita, mas eu, mesmo muito jovem, com 27 anos, sabia que seria tão desafiador quanto fora a minha ida para São Paulo. Mas voltei determinada a fazer da Bahia o meu lugar. Queria ter qualidade de vida, ver meus pais envelhecerem e meus sobrinhos crescerem. Com muita coragem, larguei minha carreira na maior cidade do Brasil.

Em alguns momentos pensei que não me readaptaria ao ritmo de Salvador, ao jeito de trabalhar. Cheguei a me desesperar várias vezes. Por incrível que pareça, o que, de fato, me fez sentir parte da cidade, foram a música e a cultura. Fiz pós-graduação em jornalismo cultural e me identifiquei novamente com a cena cultural e artística baiana. Acompanhei o "boom" dos baianos no teatro e na TV em todo o Brasil, fiz grandes amigos na área e foi a arte que me resgatou para a minha baianidade e que me deu força para perseverar na minha readaptação.

Sempre fui uma apaixonada pelas artes. Voltar para Salvador me fez voltar a ter contato com a negritude e seus sons. Amo o samba-reggae. Na adolescência, eu "fugia" com os amigos para a terça da benção do Olodum, no Pelourinho, no centro histórico de Salvador. Adorava ver Neguinho do Samba, ver o Ilê Aiyê, ver os Filhos de Gandhi. E adorava, claro, ver Daniela Mercury. Nunca fui fã, mas sempre fui uma grande admiradora da arte dela porque me identificava com as referências musicais que ela tinha e tem.

Gostava da poesia, da musicalidade e adorava ver os shows por causa de sua grandiosidade como artista. Mas nunca imaginei que iria namorar com ela, muito menos casar. Sempre achei Daniela linda, mas nunca sequer passou pela minha cabeça paquerá-la. Depois de alguns anos morando em Salvador, ficamos amigas. Adorava conversar com ela. Inteligente demais, muito culta e com uma criatividade que me surpreendia com frequência. Nós duas somos leoninas. Temos personalidades parecidas. Somos exigentes, generosas, doces e um pouco ciumentas. Nada exagerado. Até achamos engraçado quando uma ou outra sente um pouco de ciúme. Temos comportamento e postura parecidos diante das coisas da vida. Foi essa afinidade que nos uniu. Ou melhor, nos grudou.

A força da nossa paixão foi tão intensa que nos fez pensar e repensar como algo tão forte surgiu de repente. Éramos amigas há anos. A primeira vez que encontrei Daniela e que fomos devidamente apresentadas foi no verão de 2007. Eu fiquei responsável pela gravação dos especiais com os artistas para a cobertura do carnaval da TV Bahia. Então, fui gravar com ela. Estava dirigindo os quadros especiais. Nosso primeiro encontro aconteceu na casa que moramos hoje, no bairro de Piatã, em Salvador. Ela desceu linda. Posso dizer: estonteante! Lembro da blusa de seda que ela usava no dia. Fiquei desconcertada com a beleza dela e encantada com o profissionalismo e com a vontade que ela tinha de fazer bem feito. Era como se o que eu estivesse pedindo fosse só 20% do que ela pudesse oferecer. E aí ela me dava 120%

e eu ficava abismada com o seu talento e criatividade. Lembro que Daniela, em vários momentos, me olhou de cima a baixo. "Coisas de mulher", pensei. Em seguida, comentou sobre a roupa que eu estava usando, disse que gostou e perguntou a loja. Senti um alívio danado, lembro. Imagine se ela estivesse me paquerando? (risos). Não. Brincadeiras à parte, Daniela sempre foi muito profissional e correta. Depois daquele dia, gravamos muitas outras vezes e sempre ficávamos conversando sobre tudo. Eu ficava feliz em bater papo com ela e saber das ideias que tinha sobre este mundo. Foi assim que nasceu nossa amizade. Com o tempo, nos aproximamos mais. Tínhamos amigos em comum e acabamos saindo juntas, nos encontrávamos em festas, fui a muitos shows dela, mas nunca houve nenhum sinal de atração de qualquer uma das partes. Sempre estivemos muito próximas. Quando íamos jantar, sentávamos invariavelmente uma em frente a outra ou ao lado, simplesmente pelo fato de amarmos conversar.

Nós nos encontrávamos sempre que ela estava em Salvador. Naquela época, Dam morava em São Paulo. Eu achava que ela estava triste, mas não era uma tristeza vista a "olhos nus". Eu não sei por quê, mas conseguia ver que os olhos dela não tinham o brilho que uma mulher como ela deveria ter. Eu, cá com meus botões, imaginava que a dureza de São Paulo, a cor cinza do céu, a poluição e o frio podiam ter sido um golpe duro para ela, assim como foram para mim. Mas que fique claro: eu e Daniela amamos São Paulo. Vivi o início da minha vida adulta lá. Quase uma década. E por tanto amar, sei das agruras da maior cidade do país. Como eu e ela somos muito parecidas, imaginava que a falta do mar, do sol, dos amigos, da família a estivessem entristecendo. Virava e mexia, eu dizia a ela: "Volte para Salvador é o seu lugar!". Falei isso milhares de vezes. E, todas as vezes u repetia, ela olhava para minha cara e fazia uma expressão de ção. Parecia sentir que a Bahia era mesmo o seu lugar, era onde us olhos voltariam a brilhar.

ersar com Daniela alimentava a minha alma. Ela têm ideais cidos com os meus e é muito interessante intelectualmente. os coisas parecidas em idades próximas. Simone de Beauvoir egundo sexo) e Roland Barthes (*Fragmentos de um discurso amo-* aos 15, 16 anos. Leitura difícil para adolescentes. A nossa ansie- de conhecer o mundo, a curiosidade pelo invisível e a coragem receber o novo compõem a nossa energia vital, desde sempre, mo antes de nos conhecermos.

Malu, minha Bahia

Baiana de fala grave e cachos nos cabelos, intensa e amorosa. Quando a gente se encontra é fogo e brasa, é fogareiro, é terremoto, é um oceano inteiro para mergulhar. Uma vastidão de alma para compreender. Como diz Fernando Pessoa: "Porque pensar é não compreender... Pensar é estar doente dos olhos". Não preciso entender mais nada. Só me deitar no seu colo e esquecer meus olhos nos seus.

A paquera

Sonhei com Malu tantos dias que até achei que estava apaixonada, mas como ter certeza? Os sentimentos estavam misturados, a vida mudara tão rápido. Estava na Bahia e toda a perspectiva de futuro tinha que ser revisada. Tomei coragem e resolvi dizer a ela o que estava sentindo, brincando. Mandei mensagens no seu celular, dizendo que não entendia, mas que eu estava pensando demais nela, que seu rosto vinha na minha mente constantemente, que seus gestos de carinho como amiga haviam me tocado profundamente. Achei que estava ficando maluca, pois já conhecia Malu e nunca havia pensado em ter um relacionamento amoroso com ela. Então porque ela não saía do meu pensamento? Tentei não dar muita importância para isso, fui deixando a vida me levar, mas realmente algo estava acontecendo comigo.

Eu havia acabado de voltar a morar na Bahia e aumentado a família. De Esperança, interior da Paraíba, trouxe três meninas de idades diferentes – duas delas, Ana Isabel e Ana Alice, filhas da mesma mãe biológica, e Marcia Vanessa. Adotei as três e as acolhi em minha vida como filhas.

Estava num momento de transição de vida e estruturando a nova fase de solteira, mais perto da minha família, dos meus amigos e da sede das minhas empresas.

Malu seguia sua vida e eu em meio a um turbilhão de acontecimentos na minha carreira e na vida pessoal, tentava me adaptar ao novo momento. Malu estava ali perto, mesmo não sendo amiga íntima se preocupava comigo, me dera apoio naquele momento como em outros lá atrás que ela nem imaginara quanto sua preocupação comigo me comovera.

Artista é estranho e se é conhecido demais, como eu, é um "pepino". Meu filho mais velho me disse uma vez: "você não é uma mãe, você é um evento". Tudo comigo é mais complicado, porém, Malu sempre foi jornalista, ela é descolada, prática, objetiva e sabia do risco de se envolver comigo. Por isso não me deu bola. Foi muito gentil, mas não me deu muito espaço, aliás, espaço algum.

Eu entendi e deixei pra lá, gostava dela como amiga e entendia que ela podia não querer ter um relacionamento comigo, afinal, ela não me conhecia. Todo mundo pensa que artista é complicado, que é sedutor e volúvel. Além de que ela achava que eu não me relacionaria abertamente com uma mulher, por ser famosa e por ter estado antes publicamente casada apenas com homens.

Acho que o meu mundo de trabalho é curioso pra maioria das pessoas, mas é dificílimo pra quem está dentro. A minha vida é complexa e sofre muitas interferências do mundo. A minha vida está sempre muito exposta e a internet só piorou essa exposição. Era muito compreensível o medo de Malu de se aproximar de mim e me dar ouvidos naquele momento em que eu estava passando por uma pressão emocional grande.

Eu sei que nós artistas somos diferentes
aos olhos do mundo e, por isso,
muita gente tem medo e se afasta,
principalmente quem tem noção da
complexidade da vida de uma cantora
consagrada com filhos e tudo mais.

Mas eu não desisti e levemente continuei a tentar acessá-la. Pensei nas poesias, podia mandá-las sem dizer que eram pra ela. Eu não tinha intimidade com Malu pra falar coisas de amor, nem indiretamente. Eu queria que ela entendesse que era muito forte o que já sentia por ela e que eu não conseguia desistir. Tentei algumas vezes e me afastei, mas era mais forte do que eu. Então, eu voltava a mandar mensagens poéticas e continuava a não receber respostas.

Ela não me levou a sério, mas de alguma maneira aos poucos fomos nos aproximando e ela foi confiando em mim.

Malu, que estava completamente inflexível, abrira uma pequena brecha.

Essas são algumas poesias que mandei pra ela. Essa se referia a uma foto do pôr do sol que Malu postou no Instagram:

"Duas cores se procuram, suavemente se tocam, amorosamente se enlaçam, formando um terceiro tom a que chamamos de aurora."

Carlos Drummond de Andrade.

Mas quem me salvou foi Mia Couto (grande escritor moçambicano). Eu usei suas palavras e finalmente Malu me respondeu.

Escrevi para ela: "Todo silêncio é música em estado de gravidez".
E ela respondeu: "Então eu vou parir uma orquestra".

Eu sabia que a música uma hora me salvaria. Mas confesso que não cantei antes de beijá-la pela primeira vez.

Duas meninas
Duas moças
Duas mulheres

Sempre fui nômade, adoro aventurar-me, desafiar-me e trocar de pele de vez em quando. Acho que estava atrasada na minha última troca. Minhas asas pareciam não querer mais aparecer. Estava dentr do casulo, mas voltei a ser borboleta. Talvez seja a minha última transformação profunda. Malu e a arte me acordaram de um sono profundo, mais uma vez desabrochei, nasci como flor do meu próprio vestido.

O amor... é sempre o amor que salva! E dessa vez, o amor veio na pele de uma mulher, daquelas que não nasceram por acaso.

Um certo dia me descobri apaixonada por uma pessoa encantada. Uma mulher daquelas que se comprometem. A paixão nos pegou de surpresa. Acho que foi sua beleza, ela é uma pessoa admirável, ch de qualidades, que me chamou a atenção por sua personalidade fort e segura e por sua inteligência e doçura.

Às vezes, saíamos para jantar como amigas e ficávamos instintivamente sentadas uma na frente da outra. Adorávamos conversar sobre os mesmos assuntos: música, poesia, a identidade de nossa gente e muito mais. Depois que nos apaixonamos, nos demos conta de que havia desde sempre muita afinidade entre nós.

Ela, jornalista, dirigia programas e sua equipe me entrevistava constantemente, também nos vimos algumas vezes no estúdio da TV Bahia quando participei de entrevistas em alguns telejornais que Malu foi editora-chefe.

A vida nos leva por caminhos inimagináveis. Mas, como diz a canção de Lenine "Meu Plano", que gravei, e que canto agora pra ela:

"Acho que o destino antes de nos conhecer fez um plano pra juntar eu e você".

Era coisa planejada por orixá, era amor de amarrar.

E foi assim como música que ela entrou na minha alma, como um golpe de ar, como inspiração pra criar.

Num determinado momento, percebi que Malu aparecia nos meus sonhos, e que, durante o dia, da minha cabeça não saía. Não dei muita atenção à sua presença em minha mente continuamente, até que tive vontade de lhe dizer e percebi que pensar nela me trazia alegria.

Malu que mais tarde ganharia de mim o codinome de Maria!

Foram meses tentando entender porquê não a esquecia. Até que contei a ela que aparecia em sonhos pra mim todos os dias.

Pensei que Malu estava em meus pensamentos por ter se preocupado comigo e ter me estimulado a voltar pra Bahia. Ela sabia o quanto São Paulo é diferente de Salvador e quanto a falta do sol nos entristece.

Segui tentando tirá-la da minha cabeça, mas não adiantou muito. A vida passava, mas dos meus sonhos ela não saía.

As três meninas

Se gerar e educar um filho já é um aprendizado para os pais, ganhar três de uma vez sem estar esperando é um "intensivão" daqueles. Desafio para mim e também para elas. Já imaginou ter duas mães? Não é fácil. E se forem duas mães leoninas? De enlouquecer, né? Piadas à parte, o início não foi fácil. Elas estavam desconfiadas, e eu mais ainda. O tal do medo me fazia ficar apavorada com a possibilidade de me apaixonar por elas também e, de repente, numa ruptura, perdê-las.
As meninas, menos conscientes que eu, também deviam ter medo dessa possibilidade de abandono. Mas o amor, ah o amor!
Ele vence tudo e todos. O amor tomou conta de mim, da minha energia e quando percebi já estava pedindo de presente de aniversário que elas me chamassem de mãe. Eu sou mãe delas.
Eu vejo o dever de casa, converso com as professoras, dou bronca, arrumo o cabelo, maquio, brinco, dou banho, vejo a roupa para passear, enfim, faço tudo que uma mãe faz. Eu e Daniela fazemos.
E com muito prazer.

Não é fácil a rotina. Organizar o nosso dia a dia então é mais difícil do que colocar um jornal no ar. Mas eu e Daniela somos, naturalmente, produtoras e, a cada imprevisto, uma das duas resolve. Mas os imprevistos da alma, esses são difíceis. Cada dia é um dia diferente com as crianças. Cada dia é uma provação diferente.

Mas se eu for falar sobre a criação das meninas aqui, vai acabar rendendo outro livro porque a educação diária é muito complexa, nunca temos certeza de todas as decisões. Temos que discutir muito, como mães, para chegar a um acordo sobre a educação e as regras da casa (e olhe que quase não temos regras!). A gente traz cargas emocionais e referências da nossa educação para a criação dos filhos. Enfim, não dá para explicar tudo, mas quem é mãe, pai ou "pãe", sabe do que estou falando. A certeza que tenho é a de que as crianças se sentem, hoje, acolhidas em uma família.

Esse acolhimento que sinto hoje era justamente o que eu temia não acontecer na volta ao Brasil. A data era 7 de abril de 2013. A tormenta tinha começado há apenas quatro dias. Tudo embaralhado na minha cabeça, na minha alma, no meu corpo. Emoções a dezenas de milhares de quilômetros por hora. A única coisa que me acalmava era esquecer o meu olhar no dela. Passava horas e horas vendo o que eu chamo de "mel derramado". É assim que eu defino a cor linda do ponto de vista dela sobre a vida. Era esse olhar que também me dava segurança e forças para não sumir cada vez que eu percebia que estava sendo fotografada por algum colega escondido em árvores e afins.

Eu era a mesma pessoa de sempre, com o mesmo espírito, com as mesmas amizades, com os mesmos gostos. Minha melhor amiga Adriana Quadros, também jornalista, me mandava mensagens do Brasil, empolgada com o meu relacionamento com Daniela, falava da revolução que tínhamos criado. Ela me contava como estava se sentindo mais altiva e me dizia: "Amiga, sua vida mudou". Eu confesso que não entendi aquelas palavras naquele momento. Ainda estávamos em Portugal. Eu sabia que tínhamos provocado um grande alvoroço, que aquilo tudo era muito importante no momento político que o Brasil estava vivendo, mas não entendia exatamente o que significaria na minha vida pessoal.

Daniela era famosa há décadas e eu queria continuar desconhecida por todas as décadas da minha existência, mas era tarde demais. E quis tanto fugir do retorno ao Brasil que até aqui no livro estou dando voltas para contar.

Já no aeroporto de Portugal sentimos o impacto da composição de fotos no Instagram. Foi a primeira vez que pediram para eu tirar uma foto junto com Daniela. Eu dizia: "Não...". Mas ela insistia com a voz doce: "Venha, amor!". Quem é capaz de resistir àquela suavidade? E se tiver aquele sorriso no rosto, com olhinhos apertados? Impossível. Aliás, ela sempre consegue o que quer comigo. Ninguém nunca fez isso. Nunca fui tão "dominada" pelo amor e pela paixão. Faço tudo com prazer. Adoro fazer qualquer coisa com ela. Coisas divertidas, coisas chatas, coisas burocráticas. Tudo é bom. Daniela me faz ter a sensação de que o mundo é bom.

Na verdade, depois de passar quase 20 anos fazendo *hard news* em telejornais, eu tenho que ser sincera e admitir que desacreditei um pouco no ser humano. Vi tanta barbárie, tanto descalabro, tanto desamor, que fiquei sem norte. A chegada desse amor me fez repensar na capacidade que temos de amar e de perceber a bondade do outro. Vi também que podemos aceitar as diferenças e tentar ser menos duros com a vida. Daniela acredita tanto no ser humano que chega a ser inocente. Esse jeito dela desperta o que há de melhor na minha essência. Sou uma pessoa melhor porque tenho ela ao meu lado. Por isso, cedi na hora dos pedidos para tirar a foto. Ainda no aeroporto, muita gente simplesmente nos dava parabéns pela união, pela coragem, alguns faziam discursos de emocionar. Eu estava assustada dos pés à cabeça. A equipe dela ria de mim e comigo. Os mais chegados sabem que eu tenho crises de riso quando estou no ápice do nervosismo. Sou assim desde criança. Eu só fazia rir. Mas por dentro, era uma bomba-relógio, prestes a explodir a qualquer instante.

A INVASÃO

Sentir as pessoas me olhando era a mesma coisa que me colocar numa sala de tortura, tamanha a minha timidez. Entramos no avião e fomos parabenizadas pelos comissários, com quem tiramos fotos também. Eu não estava entendendo nada. Que desespero! Viemos conversando. Daniela tentava me explicar como deveria ser daqui para frente, como seria minha vida. Eu continuava achando que ela estava exagerando. Mas não. Ela, mais uma vez, estava certa em absolutamente tudo. O avião pousou em Salvador. Meu coração estava disparado. Tinha jornalista esperando. Saímos muito rapidamente escoltadas pela equipe de seguranças. Em minutos estávamos na casa que, a partir daquele momento, passava a ser mais minha do que nunca.

As crianças estavam loucas de saudade, cheias de novidades, queriam contar tudo o que havia acontecido nas semanas que havíamos estado fora, mas principalmente na última semana, depois do nosso anúncio. Com as três falando, subimos a escada e ligamos a TV. Foi bem na hora da entrevista que Daniela deu ao Fantástico. Eu parei e pensei: “Meu Deus do céu, minha vida no Fantástico”. Fiquei parada por alguns minutos e Daniela parecia não ter se abalado muito com aquilo.

Vários amigos ligaram para nos parabenizar. Mas vou te falar uma coisa: não era fácil nem ouvir os parabéns. Eu estava assustada. Eu me sentia presa em casa. Como se fosse uma prisão domiciliar por vontade própria. Uma amiga havia me dito para eu evitar os lugares em que as pessoas me conheciam. Tipo salão de beleza, minha aula de pilates, enfim, os locais que costumava frequentar na minha rotina. Isso acendeu uma espécie de fúria dentro de mim. Não foi para isso que nós duas tínhamos postado a foto no Instagram. A gente queria a liberdade. E como custa ser livre. Descobri isso a duras penas. Falar a verdade para todo mundo, me custou a privacidade, mas nunca abri mão da liberdade. Sou essencialmente livre e libertária. Não aceito injustiças e reajo muito mal se for injustiçada. A foto no Instagram foi postada para garantir os direitos de sermos nós mesmas.

Eu, na minha carreira de jornalista, nunca aceitei ser repórter ou apresentadora. Minha irmã mais velha, Telma, foi repórter durante muitos anos. Ela era abordada constantemente pelas pessoas nas ruas. Eu ficava envergonhada. Não queria de jeito nenhum aquilo para mim. Decidi cedo que seria editora e não uma jornalista de vídeo. Agora, imagine minha cabeça nessa situação, nesse romance lindo, que virou assunto nas mesas de bares, nas casas brasileiras, que despertou a verdade, a sinceridade e a liberdade dentro de muitas famílias? Sim, muita gente tomou coragem e conversou dentro de casa. Fazer isso é, muitas vezes, mais difícil do que simplesmente falar em público. Conquistar a liberdade e se libertar de pai e mãe tem um peso psicanalítico enorme no desenvolvimento emocional do ser humano. Quando se é gay, esse peso triplica. A nossa aceitação e nosso amor próprio precisam ser infinitamente maiores.

Ser livre para mim sempre foi uma questão de sobrevivência. Ser gay na nossa sociedade é um desafio e tanto. Quando me apaixonei pela primeira vez por uma mulher, estava namorando um homem e estava apaixonada por ele. Apesar disso, naquele momento, mesmo sendo muito jovem, não me sentia plena e valorizada pelo que eu era. Já sabia que não era compreendida pelo mundo e muito menos por ele, o meu namorado. A vida dos meninos naquela idade se resumia às namoradas, às pequenas traições, bebidas e futebol. Ah, que tédio! Não nasci para viver sendo traída por ninguém. Não suporto assistir jogo de futebol que não seja o do Brasil, apesar de torcer desde cedo para o Vitória (imposição de minha amiga Adriana) e nunca gostei de nada que tirasse meu controle sobre o meu corpo, ou seja, bebo muito pouco.

O que sempre amei foi poesia, arte, dança, teatro e a música. Minha primeira paixão foi Caetano Veloso (é até hoje um dos meus favoritos!). A partir da poesia dele comecei a entender o mundo e até as pessoas. Com 13 anos já conhecia bem a obra de Caetano, de Moraes Moreira, de Tom Jobim, de Vinícius de Moraes, do Queen, de Madonna, de Michael Jackson e de Ravel. Meu pai costumava me colocar para dormir ao som de música clássica. A música sempre me salvou dos medos e das minhas angústias existenciais e filosóficas da adolescência.

Pois bem, quando me apaixonei por uma mulher, não entendia o que era aquele sentimento. Como poderia aquilo estar acontecendo comigo? Eu nunca tinha sequer pensado em alguma coisa do tipo. Tinha atração pelos meninos e, diferentemente de muitas mulheres que se descobrem gays ainda na infância e na adolescência, eu nunca havia sentido nada diferente por nenhuma mulher.

Escrevíamos cartas uma para outra todos os dias. Minha mãe descobriu as cartas e as leu. Foi a primeira vez que senti minha privacidade ser devastada. A reação da minha família não foi tão boa inicialmente. Era uma coisa muito nova para eles. Meus pais são muito mais velhos. Sou a raspa do tacho, como se diz no nordeste. Eles são de uma geração em que a homossexualidade sempre foi tratada como tabu e como um problema para a família. Meu pai é muito católico. Vem de uma família do sertão da Bahia. E minha mãe é do interior de Pernambuco. Foi difícil para eles. Meus irmãos também estranharam, mas entenderam bem mais rápido do que meus pais. A compreensão de todos acabou vindo de forma suave e constante. A afetividade deles nunca permitiu um afastamento.

Fui morar em São Paulo porque tive a oportunidade de começar minha carreira lá. Viver longe de casa me trouxe uma maturidade e uma responsabilidade quase que instantâneas. Como isso tem um peso grande, com certeza veio o ônus. Eu me centrei nos meus objetivos e me travei para o mundo. Sempre fui muito extrovertida, mas nunca dei espaço para invadirem minha vida. O paulistano é reservado e até desconfiado. Demora muito para se aproximar, não tem tempo para conhecer bem as pessoas. Fiquei quase três anos em São Paulo até ter amigos verdadeiros.

Todo mundo sabia que eu me relacionava com mulheres, mas ninguém comentava. Era quase como uma doença contagiosa. Não era comum apresentar uma namorada. Era sempre uma "amiga". Eu me sentia como se estivesse mentindo e fingindo o tempo todo. Lembro a primeira vez que um colega de trabalho me perguntou durante uma festa se eu era gay. Não consegui mentir. Disse que sim. Ele reagiu bem, mas me senti invadida de novo. Não compreendia porque era tão importante falar com quem eu dormia. Nunca me interessei por esse assunto na vida de ninguém. Mas, por incrível que pareça, a pergunta dele para mim soou quase como uma alforria. Imediatamente, eu me senti livre para responder e para falar a verdade e até para apresentar minha namorada na época.

Da década de 1990 para cá, muitas águas rolaram no Brasil e dentro de mim. A onda da maturidade, temperada pelo sucesso profissional e pela independência econômica, fez com que eu me fortalecesse. Sou altiva. Tenho orgulho de ser quem eu sou e não admito nenhuma piada ou insinuação sobre minha sexualidade. As pessoas me respeitavam querendo ou não. Sou leonina. Reajo rapidamente se me sentir acuada ou desrespeitada. E faço o mesmo com minha família, minha mulher e meus amigos, se as vítimas forem eles.

Voa, Liberdade

Não admito ser colocada em um lugar que não é meu. Sei e sempre soube o que quis. Foi por isso que topei encarar o mundo com Daniela. Foi isso que fizemos. Quase suicidas (risos), abrimos o peito e nossa intimidade com muita naturalidade para que as pessoas percebam que o amor é mais importante do que o gênero.

Foi outro grito de libertação para mim. A sensação que tenho hoje de altivez plena é de uma verdade tão completa que eu nem sabia que existia. É duro demais falar a verdade, mas é impagável entrar em todo e qualquer lugar de cabeça erguida. Poder fazer carinho na minha mulher em público traz uma sensação de liberdade, de igualdade e de justiça que eu nunca tinha experimentado em minha vida.

É impagável dar beijinhos nela quando tenho vontade. E não venha me dizer que não posso dar um selinho em Daniela porque isso é imoral. Quem for recalcado e preconceituoso que vá procurar tratamento e cura. É quase impossível resistir a tocar os cabelos dela, o rosto branquinho e macio. E por que teria que resistir?

Enquanto escrevíamos o livro, duas jovens foram presas, agredidas e levadas de um culto evangélico porque deram um selinho. O pastor Marco Feliciano solicitou à guarda que estava lá (aquela mesma que é paga com o dinheiro dos nossos impostos) que elas fossem retiradas algemadas do local. O "crime" de Yunka e Joana foi uma manifestação de afeto comum a casais apaixonados: um selinho. Outros milhares de casais heterossexuais fazem isso de forma natural e sem levar tapas na cara e sofrer humilhações.

Havia, inclusive, segundo testemunhas, casais de homens e mulheres dando beijo e fazendo carinho durante o culto sem serem incomodados. Surpreendente mesmo é a manifestação de algumas pessoas que se dizem não preconceituosas, mas que ao avaliarem o acontecimento dizem que elas provocaram por estarem em um culto religioso. Provocaram? Ora, que absurdo! Desde quando demonstrar amor é provocação? Desde quando um gesto de carinho merece ser punido com tapas no rosto de duas jovens que não tinham como se defender? Desde quando o dinheiro dos meus impostos pode ser usado para discriminar pessoas em público? Esse é mais um fato que entra para a lista de atrocidades brasileiras. Em protesto, colocamos uma foto nossa nas rede sociais em que aparecemos dando um selinho.

@marcofeliciano
Pr. Marco Feliciano

A podridão dos sentimentos Dos homoafetivos levam ao ódio, ao crime, a rejeição.

2 hours ago via Twitter for iPhone ☆ Favorite ⇆ Retweet ↰ Reply

Retweeted by kazyhiory2 and 57 others

Marco Feliciano
@marcofeliciano
Follow

Nunca me passou pela cabeça presidir a Comissão de Direitos Humanos, mas agora com tanto ataque, deu até vontade.

Reply Retweet Favorite More

28 RETWEETS 3 FAVORITES

3:21 PM - Feb 28, 2013

Reply to @marcofeliciano

Marco Feliciano
@marcofeliciano

Qdo falei sobre esse assunto aqui, os ativistas gays quase me linxaram. Qdo associei AIDS a homossexualidade fui duramente confrontado!

Reply Retweet Favorite More

6 RETWEETS

8:20 PM - Nov 20, 2012

Reply to @marcofeliciano

Marco Feliciano
@marcofeliciano
Follow
) pois depois da união civil virá a adoção
crianças por parceiros gays, a extinção
as palavras pai e mãe, a destruição da
amilia;
Reply Retweet Favorite More
12 RETWEETS
1 FAVORITE
3:20 PM - Jan 20, 2013
Reply to @marcofeliciano
Marco Feliciano
@marcofeliciano
Follow
c) precisamos nos organizar e falar sobre
este tema nas igrejas, comunidades,
convenções e escolas, NÃO A DITADURA
GAY!
Reply Retweet Favorite More
32 RETWEETS
3 FAVORITES
11:51 PM - Jan 20, 2013
Reply to @marcofeliciano
Marco Feliciano
@marcofeliciano
Follow
13) os artistas são a favor do casamento gay;
os intelectuais tbem são. Resta aos cristãos e
conservadores de valores morais lutarem;
Reply Retweet Favorite More
1 FAVORITE
9 PM - Jan 20, 2013
ply to @marcofeliciano
Pr. CARLOS LOPES @carloslopes777
Jan 20
@marcofeliciano estamos numa ditadura do partido rosa , é
um espirito da sexualidade pro-deprevação (SODOMA E
Marco Feliciano
@marcofeliciano
Follow
Santo engodo! Record alardeia Rei Davi p
cristãos ñ assistirem Salve Jorge, e Lança A
Fazenda c 1 gay e uma bissexual apostando
na azaração.
Reply Retweet Favorite More
33 RETWEETS
4 FAVORITES
7:51 AM - Oct 28, 2012
Reply to @marcofeliciano
Marco Feliciano
@marcofeliciano
Follow
) Quem deve mostrar ao mundo o certo e o
rrado, o pecado e a santidade é a igreja, os
ristãos, os lideres de fé, e não a política.
Reply Retweet Favorite More
5 FAVORITES
08 PM - Jan 18, 2013
Reply to @marcofeliciano
Mão No Arado @Mao_no_Arado
Jan 18
@marcofeliciano me segue ai Por favor
Details
twitter
Login Join Twitter
Africanos descendem de ancestral
amaldiçoado por Noé. Isso é fato. O
motivo da maldição é a polemica. Não
sejam irresponsáveis twitters rsss
marcofeliciano
Pr. Marco Feliciano

Malu

Entendo a manifestação de Yunka e Joana. Eu mesma considero impossível resistir a encostar meus lábios nos de Daniela quando ela abre aquele sorriso e mostra suas covinhas. Não sei se já disse aqui e, mesmo sabendo que você não é cego(a), Daniela tem uma beleza desconcertante. É como se eu estivesse bêbada de amor o tempo inteiro. Aquela sensação de "apaixonamento" adolescente, o primeiro da vida, sabe? Ela é doce como mel. Os olhos dela, digo sempre, são como mel derramado. Eles têm poesia própria. O brilho deles (ela jura que apareceu por minha causa) e o cheiro da alma dela me acompanha nos poucos minutos que não estamos juntas no dia. Aliás, descobri que, pela primeira vez na minha vida, posso conviver por dias e dias com uma pessoa sem enjoar de nada. E posso morrer de saudade se ela sair de onde estou para resolver alguma coisa dentro de casa por poucos minutos. Eu e ela nos sentimos assim. É como se um vazio tomasse conta do nosso corpo. Ela preenche minha existência, rompe minhas barreiras, invade todas as minhas horas e consegue tudo o que quer com um olhar ou uma sedução. Chego a sentir raiva de ser tão fácil para ela me convencer de qualquer coisa. Ela é, de longe, a pessoa mais sedutora que conheço. A maioria dos seres humanos normais não consegue dizer não para Daniela. Ela hipnotiza, conquista e desconcerta uma pessoa com o olhar. Sou tão dela que chego a questionar tudo que vivi antes de conhecê-la. Ela me confunde e me esclarece quando me pego sonhando na vastidão de um olhar misterioso e até autoritário. É isso. O olhar dela é autoritário (risos). Ela me olha e eu me apaixono ainda mais. Ela me olha e eu obedeço.

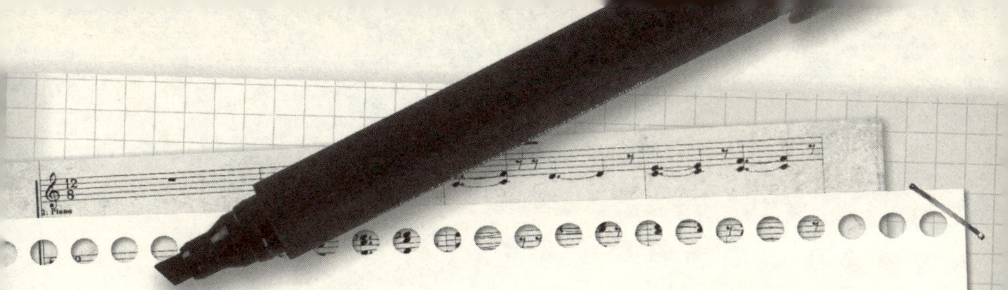

Aliás, o baiano é assim: meio autoritário. Ele não pede, manda. “Fulano, mande João pegar o pano que caiu”. Nunca se pede nada. E Daniela é muito baiana. Muito mesmo. Irritantemente baiana. E foi por isso que ela me conquistou. Ela tem doçura de sobra, sinceridade de sobra, amor de sobra. Aliás, que capacidade de amar! Ela me ganha em cada gesto. Em cada ideia criativa. Em cada ato generoso. ***Em cada olhar de paixão.*** Ela escreve tentando explicar esse sentimento. Acho os seus textos tão incríveis, me fazem pensar em todas as definições e nas expressões capazes de tentar descrever essa onda que corre por dentro do meu corpo. Mesmo ouvindo a voz suave dela lendo textos tão lindos e me surpreendendo com as ideias fantásticas, ainda assim não dá para descrever perfeitamente o que é esse sentimento. Tem dias que ela acorda no meio da noite, ou no fim dela, e diz que me ama. Meio dormindo, meio acordada, meio sonhando, meio dentro da realidade.

Não dá para descrever exatamente o que sinto nessas horas, mas tenho certeza de que é isso que é o sal da minha vida. É uma frase e um abraço que esquentam minha alma e me dão todas as certezas que eu preciso e que ela já tem e que sempre teve. Aliás, essa convicção dela me deixa de boca aberta na maioria das vezes. A segurança dela em relação ao mundo acaba me libertando da maior parte dos meus medos cultivados durante toda uma vida. Com ela parece que sou mais forte, que posso tudo e que o mundo é nosso. Sou melhor do lado dela. Mais generosa, mais aberta, menos dura, mais tudo. Ela me faz querer e também não querer a paz e a tranquilidade. A gente é intensa demais. E essa intensidade é de enlouquecer. Digo isso porque é como se vivêssemos numa montanha-russa 24 horas por dia. Somos fortes e tomamos a iniciativa para tudo. É preciso ter muita inteligência para lidarmos uma com a outra. E é esse nosso aprendizado diário.

O sol em leão

É um presente diário termos consciência do quanto somos parecidas e da nossa afinidade. Somos produtoras por natureza. Fazemos *checklist* o dia inteiro. Coisa rara é quando as duas esquecem alguma coisa. O normal é levar tudo a mais por segurança. O que uma não pensa, a outra já lembrou e, quase todas às vezes, as duas pensam juntas. São coisas simples que vão de colocar a placa de "não perturbe" na porta do hotel depois do show a resolver algum problema das crianças. Se não perguntarmos uma à outra, acabamos fazendo a mesma coisa duas vezes. Daniela fala que isso nunca aconteceu na vida dela, ou seja, ela sempre teve que cuidar de todos os detalhes sozinha.

Daniela é uma mulher que sabe o que quer e que não quer ser cuidada. Ou melhor: não queria. Cuido dela com tanta naturalidade e sem pensar se posso ou não, sem medo dela se chatear, que acaba dando certo. Percebi que, aos poucos, fui derrubando barreiras e descobrindo mais profundamente aquela Daniela que eu conhecera há anos. Entrando na linda alma dela, descobri uma doçura que pouco se vê por aí neste mundo, descobri uma mulher sensível demais, forte demais e agradável demais de se conviver.

Uma tendência
a ser feliz
tantas explicações
tantas voltas ao passado
mal passado
ainda pouco esquecido
ainda pouco lembrado
com tristeza
com beleza
é horrível se arrepender
do tempo vivido.
Prefiro lembrar
com cuidado
se é pra esquecer
quando eu morrer
nada ficará
ou será que as lembranças
ficam no ar?

A vida é cheia de situações complexas, disso eu tenho certeza. Mas a comunicação dos apaixonados deveria ser apenas por beijo, abraço, carinho e sexo. Conversar só depois de alguns anos e se o tesão arrefecer.

Eu e Malu amamos conversar e sempre aprendemos muito uma com a outra, mas a sensibilidade e a inteligência nos desnudam muito rapidamente. Muitas vezes sou surpreendida pela leitura que Malu tem da minha fala e penso o que realmente estou querendo dizer.

Isso tudo é crescimento, mas é duro. Há alguns anos venho pensando: agora vou curtir o que aprendi, sou quem sou e quem vier a conviver comigo terá que me aceitar desta forma.

Questionar, conter minha alma, meus ímpetos, abrir mão de algo confortável para mim é muito chato e estava fora de cogitação. Porém estou disposta a tudo com Malu.

Tenho uma sensação de que esta é a minha primeira relação inteira, pelo imbricamento, pela cumplicidade e compromisso de vida. Ela tem um cuidado comigo que me comove, presta atenção até ao que como, se estou doente, se dormi. Malu se antecipa trazendo a água para colocar na minha cabeceira da cama. Compra presentes de aniversário e dia das mães com um cuidado enorme. Escolhe objetos especiais como um frigobar azul retrô, aqueles de modelo antigo.

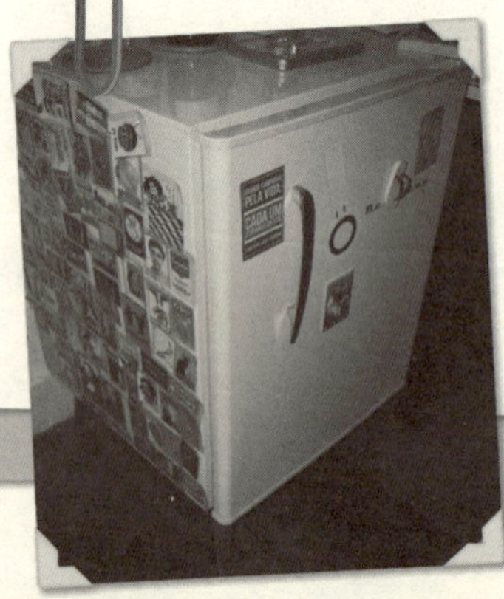

Esse livro é um diário desse momento de nossas vidas, o que sentimos e o que nos motivou a comunicar nossa união no Instagram, num difícil momento político do Brasil.

Sempre fui feminista, li *O segundo sexo* de Simone de Beauvoir quando era adolescente, tentando entender meu poder no mundo. Nunca aceitei os limites pré-estabelecidos pela sociedade. Estou no palco desde criança, convivi com pessoas de dança muito inteligentes e livres. Minha mãe, minhas avós e tias foram e são mulheres altivas, autônomas, fortes, inteligentes e cultas.

Conhecer a cultura do meu estado, do meu país, me fez compreender os diferentes padrões culturais.

A paixão avassaladora

Voltando à paixão, eu e ela conseguimos perceber claramente que estivemos nos apaixonando durante anos. Tudo sem querer. A paixão que digo aí é a da descoberta, do respeito, de conhecer a parceira, de ter o amor da amizade, de perceber as gentilezas e carinhos que sempre tivemos uma pela outra. Nunca houve nada sensual, nem um olhar sequer de paquera, nenhum indício de paixão. Aliás, deve ser esse o significado de paixão avassaladora: aquela em que as duas pessoas levam anos se apaixonando e descobrem, de repente, que estão arriadas uma pela outra.

Pois é, se a paixão não tivesse acontecido ao longo dos anos, certamente não estaríamos nesse nível de amor, cumplicidade e de "velocidade" que vivemos hoje. Sim, velocidade! Em três meses de namoro, colocamos alianças e anunciamos para o mundo que estávamos juntas. Em dez meses, casamos.

As nossas filhas e o meu desafio pessoal

Eu ganhei uma família instantânea. São três meninas. Daniela tem dois filhos do primeiro casamento, que são mais velhos, já eram meus amigos e não moram conosco. As crianças são criadas e educadas por nós duas. Uma com três aninhos, outra com doze anos e a mais velha com quinze. Fases diferentes e igualmente difíceis. Eu, marinheira de primeira viagem, tive "trigêmeas" sem engravidar.

O grande desafio inicial foi sair do meu apartamento para ir morar na casa de Daniela, que tinha mais estrutura por causa das meninas. Desde os 17 anos eu morei sozinha. Casei duas vezes, mas nunca saí do meu apartamento. Nos dois casamentos, as pessoas vieram morar comigo.

Fazer uma mudança física, estrutural e emocional a essa altura, aos 37 anos, parecia uma loucura na minha cabeça. Chegar em uma casa que você não conhece tão bem, que não sabe onde estão copos, pratos, onde deve colocar a roupa para lavar, onde tem shampoo, as coisas mínimas, é enlouquecedor para quem sempre foi dona da sua casa. Não conseguia nem ligar a televisão. Sofri muito.

(Escrevi na parede do banheiro, da nossa casa, na Bahia, quando ela se mudou.)

Minha Malu,
bem-vinda à vida aqui dentro
da nossa casa
e dentro do meu coração.
Sei que a vida é assim imperfeita
e que nós somos o que somos.
Tentamos arrumar a vida,
como arrumamos os armários,
mas a própria vida os mantêm
constantemente desarrumados.
E assim temos sempre o que fazer
Temos sempre um desafio.
Amamos mais a nossa casa cada ve
que tentamos arrumá-la, pintá-la.
Amamos mais alguém quanto mais

convivemos em busca de harmonia,
compreensão e organização.
Se tudo ficar arrumado e estiver
perfeito, o que faremos?
Nos amaremos mais ou menos?
Como serão os dias que se
seguirão?
De amor?
De paixão?
Ou de tediosa perfeição?
Eu te amo assim nesse impulso,
nesse movimento infinito.
Como o amor que sinto e sempre
sentirei.

Daniela, como sempre, carinhosa e paciente. Ela estava determinada a me fazer sentir bem, tentava desesperadamente organizar a casa para eu ficar mais à vontade. Sempre me incentivava a mudar as coisas de lugar e me pedia para transformar a estrutura da casa com ela. Eu me sentia pouco à vontade. Sou uma leonina muito tímida. Tinha vergonha até de ir até a cozinha pegar um copo de água. Foram meses difíceis. Lembro da primeira "intervenção" que fiz em nosso quarto. Coloquei uma foto dela, que eu amo, na minha cabeceira. Quando ela viu, deu aquele sorriso lindo de cumplicidade e disse: "Que bom que você chegou na nossa casa". Ali abri minha guarda para a nova vida. E foi assim: ela percebia cada pequeno gesto meu para me "apropriar" do ambiente e aprovava com doçura e gentileza. Fez de tudo para eu me sentir bem. Demorei quatro meses para fazer minha mudança. Só havia levado algumas poucas roupas e sapatos. Demorei para me doar. Uma paixão assim, um amor assim dá um medo danado. Principalmente para quem já sofreu. Fiquei desconfiada. Ficava achando que não íamos domar nossos gênios e manias. Por isso, desde o início, Daniela dizia que a música "Meu Plano", de Lenine, era minha.

Eu sempre tentei, por medo, consciente ou inconscientemente, fazer ela desistir de mim. Meu pavor era tão grande que eu achava que não daria certo. E, se não ia dar certo, eu preferia ir logo embora. Mas como abandonar um sentimento desses? Era impossível. É impossível deixá-la. Ficar longe de Daniela é me afastar de mim mesma. Ficar sem ela me dá um vazio gigantesco. Mesmo que seja por horas ou poucos minutos. Hoje eu consigo perceber isso. Consigo perceber como ela é fundamental na minha vida e sinto fortemente a presença do amor e de Deus, graças a Daniela.

A sensação é de que a busca acabou. Estou plena. Sinto-me forte e apoiada por ela. Sinto também que, finalmente, alguém cuida de mim. É muito difícil perceber isso e mais ainda permitir que alguém faça isso por você. Em geral, mulheres pós-feministas, independentes e fortes fazem de tudo para resolverem os problemas sozinhas. A segurança de confiar apenas em si mesmas e não depender de homens - sejam eles irmãos, pai ou marido - é uma conquista e tanto para as mulheres da minha geração e da de Daniela. O risco de se decepcionar e das coisas darem errado é bem menor quando atuamos assim. A gente acaba se acostumando a morar só, a resolver tudo sozinha, a conquistar a liberdade de cada dia com muita segurança, atropelando os medos.

Mas para que tanta independência? Hoje percebo o quanto é bom ter alguém que me faça sentir um pouco dependente. Digo que isso vale para as mínimas coisas como, por exemplo, arrumar a minha mala para as milhares de viagens que fazemos juntas. Ela sabe que eu não gosto de arrumar malas e sai na frente, arrumando as minhas coisas também. Com o tempo, parei até de dar palpite no que queria levar. Ela escolhe tudo. Ah, se alguém me dissesse que isso ia acontecer, eu daria muita risada. Nunca imaginei, na minha vida, pedir para alguém decidir as roupas que eu levaria numa viagem. Deixo várias respostas para ela, admiro a inteligência dela e confio em sua astúcia e intuição. Algumas vezes, Daniela diz que caminha com minhas pernas e eu, não raramente, uso os olhos dela para enxergar o mundo. Aliás, diga-se de passagem, o seu olhar é bem mais belo e poético do que o meu, cheio de realidade.

Lacan diz que a mulher é toda inconsciente. Não é à toa que o homem tem que cultivar seu lado feminino para acessar sua criatividade e expandir sua inteligência.

Eu entendo os homens. Em geral, eles são tão meninos, eternos meninos, trocam a mãe pela esposa e continuam querendo ser o centro das atenções. Ah, se fosse só isso! O mundo lhes dá tanto poder, mas são tão frágeis, o mundo lhes dá tantas responsabilidades. O sistema usa sua força física para as guerras e eles morrem por causa do jogo de poder.

E a gente ainda tenta protegê-los. Mas um dia a consciência da nossa frágil humanidade também bate a porta desses homens e cobra de volta o que antes insistiram em não compreender.

O super-homem não existe. Talvez algumas mulheres tenham a vantagem de saber disso. Nós os tratamos como meninos deslumbrados com seu poder de machos, poder que a cultura patriarcal machista mantida por séculos lhes dá. Mas nada é de graça.

Muitos homens seguem por toda vida cegos, com o objetivo de superar os pais e se livrar do domínio da mãe, que é o mesmo que superar o Criador ou superar Deus.

E lá vai o menino cheio de segurança marcar seu espaço, seu território no planeta. Ele constrói seus edifícios, seus obeliscos e destrói a natureza, afinal a natureza é mãe também.

Já repararam como as cidades são masculinas e parecem monumentos à virilidade, são, em geral, retas, duras, os prédios se enfiam no céu, arranham o céu, como os paus entram nas vaginas. Cidades racionais, pouco curvilíneas, cidades patriarcais e pouco femininas.

Já que a mulher não tem a ambição de superar o Criador, e, em geral, a mulher valoriza muito mais a vida humana e seu impulso é sempre de proteger a vida, a cria, não precisamos (inconscientemente) construir casas, pois nós temos uma casa no nosso próprio corpo, o ventre.

Não temos necessidade psicológica de superar o Criador, pois geramos vida em nós. E temos o poder de criar. Quem tem isso não precisa destruir nada, não há a quem superar nesse sentido, ao contrário há uma serenidade e uma sabedoria natas. Nós mulheres somos parte da natureza, que é feminina onde os machos reprodutores deveriam estar a serviço da vida como todos no Universo. Mas os seres humanos criaram uma enorme distorção. A sede de poder e de acúmulo de riquezas criou uma sociedade onde a morte é mais importante que a vida.

Há séculos, as religiões tiram o poder e a liberdade da mulher e tentam transformá-la num mero instrumento sexual a serviço da reprodução da espécie e inevitavelmente subordinada ao homem.

A história de Adão e Eva serve para culpar a mulher logo na criação. A religião católica é pior que o conto de fadas onde a Cinderela é a empregada, que vira princesa para servir e obedecer ao seu príncipe encantado.

A Bíblia é um tratado machista que nega a importância da mulher, faz o sexo parecer coisa do diabo e coloca Eva como a primeira pecadora e geradora de todos os pecados do mundo.
É pouco ou quer mais?

Sexo para os cristãos é só para procriar, jamais por prazer, a masturbação já foi proibida e também qualquer outra maneira de contracepção que não a abstinência sexual.

Até Maria teve Jesus por meio do Espírito Santo, pois o sexo é sujo e a virgindade da mulher ainda é valorizada em muitas culturas até hoje.

Lembro-me do absurdo que aconteceu comigo, numa das minhas viagens pelo mundo. Estava no Marrocos, um país árabe predominantemente muçulmano. Estava lá para fazer um show e no tempo livre fui passear com os meus músicos quando um homem marroquino me ofereceu dois camelos por uma das minhas bailarinas. Ele queria trocar uma pessoa por dois camelos?! Dois camelos foi o preço que ele deu por uma mulher que ele queria comprar para abusar e escravizar. Eu fiquei indignada e jurei nunca mais voltar lá.

As religiões transformaram a virgindade em sinônimo de pureza, o que tem uma coisa com a outra? Esse mito da virgindade causa males tamanhos e muita violência contra mulheres na face da terra. A ideia de que sexo é uma tentação a ser evitada, só traz sofrimento.

Muitos dogmas religiosos têm dificultado até a luta contra o vírus do HIV e muitos outros.

Muitos homens heterossexuais não são machistas, como às vezes homens gays são machistas e outros homens questionam e negam os valores patriarcais impostos culturalmente, buscando seus caminhos próprios de afirmação. Há bissexuais e transexuais que podem não se encaixar nesse padrão descrito por mim. Porém, a nossa sociedade tende a conduzir tanto o homem, quanto a mulher a repetir esse modelo hierárquico machista patriarcal, apesar de tantos avanços dos movimentos feministas, e gays no século XX..

Sou apenas uma mulher que canta, que sangra e quer um pouco de paz. Mulher é bicho de sete cabeças. Mesmo a mais superficial ainda é bastante complexa. "Mulher é bicho esquisito, todo mês sangra", diz Rita Lee. Cheia de hormônios, de sonhos como diz minha amiga Elisa Lucinda: é gente que vive para dentro. A terra é Mãe, tudo na natureza se reproduz e com essa energia nos conectamos.

A maternidade nos obriga a ter contato com o nosso inconsciente. Isso gera autoconhecimento que amadurece e fortalece quem gera e cria uma criança.

Eu sempre penso em pessoas, não acho que seja possível generalizar metade da humanidade porque é do sexo feminino ou masculino. Porém para mim, nós mulheres somos pessoas com múltiplas competências, profundas e complexas e eternamente incompreensíveis para os homens.

Mulher é a mistura do perfeito e do defeito
Filhos ama, gera e cria
É a metade do completo
a parte inteira do incerto
Se feita da costela,
da boca ou do pescoço,
não importa.
Sua intuição tem juízo,
sua traição tem um gosto.
Nós mulheres temos o corpo de água, cheiro de flor, formas de fruta, somos montanhas e precipícios, somos um vício, entrar numa mulher é mergulhar na imensidão do ser, é voltar a origem de tudo.

Entre minhas pernas.

Entre as minhas pernas
tem um vulcão.
Um furacão.
Têm indecifráveis sentidos.
Amores distraídos.
Memórias de beijos.

Entre minhas pernas
tem um circo,
tem fogos de artifício.
Tem medo e música.
Tem o infinito.

Entre minhas pernas
Tem fevereiro.
Tem carnaval,
Tem água.
Têm mágoas.
Tem assombração.
Tem uma caverna.
Tem brinquedo.
Tem desejo.
Tem São João.

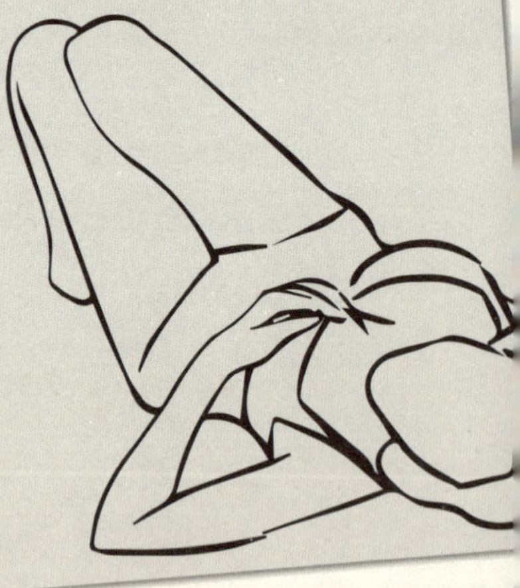

Entre minhas pernas
tem um precipício.
Um crepúsculo .
Um sol aceso.
Um bicho solto.
O oceano.
O indecifrável.
O desconhecido.

Entre minhas pernas
tem uma casa
e uma borboleta sem asas.
Tem um lugar pra morar.
Tem o inconsciente que grita,
esperneia e sente.
Tem uma prisão.
Uma solitária.
Um sótão.

Entre minhas pernas
tem o coração!

A tal sociedade

Logo depois que voltamos ao Brasil, Daniela foi convidada para o Fórum Empresarial de Comandatuba. Lá estão os grandes empresários do Brasil e a alta sociedade. Ela já participa do evento há anos como empresária e como cantora. Entrar lá de mãos dadas com uma mulher, me apresentando para todos e todas como esposa dela era uma situação inimaginável para mim e, talvez até, para ela.

Daniela fez questão de ir e de me levar. Eu e ela precisávamos passar por isso. Era importante dizer que também estávamos inseridas naquela sociedade e que não tínhamos vergonha de nada. Ela sentia e sente muito orgulho de sermos quem somos.

Fomos muito bem recebidas por João Dória Júnior e celebradas com entusiasmo pelo casal Bruna Lombardi e Carlos Alberto Ricceli. Eles receberam a gente com aplausos, deram parabéns, quiseram saber dos detalhes e foram extremamente carinhosos demonstrando apoio.

Em muitos momentos me senti um peixe fora d'água. Daniela tem uma firmeza e uma determinação incríveis. Ela não saiu de perto de mim um segundo sequer. Foi altiva 100% do tempo e, mais uma vez, me conquistou com sua segurança. Dias depois aparecemos como chamada na capa de *Caras*: "Daniela Mercury, na sua Bahia, apresenta Malu Verçosa para a sociedade". Li umas dez vezes aquele título, peguei o telefone, liguei para Daniela e disparei: você me apresentou para a sociedade? E onde eu estava antes? Ela ria de se acabar! Eu e ela ríamos, mas aquilo, de alguma forma, tinha seu fundo de verdade e, de alguma maneira, chocava "a tal sociedade".

A mídia

Para mim, é até engraçado falar da mídia. Fiz parte dela, estive do outro lado durante 20 anos. Hoje estou na frente das câmeras, sou o alvo dos holofotes e confesso que não me sinto confortável. Pior ainda quando o que eu chamo de imprensa periférica, inventa, cria e repercute as próprias mentiras a nosso respeito. São muitas. A que mais nos ofendeu foi a invenção da nossa separação. Nunca nos separamos, nem pensamos em fazê-lo, nem tivemos motivo para chegar perto disso. Como jornalista, sinto vergonha desses meus colegas. É difícil para o leitor pouco crítico diferenciar o que é sério do que não é. Tem gente (sinto pena!) que ganha a vida inventando mentiras sobre os outros.

O grande crescimento dos meios de comunicação e o fortalecimento deles na internet é, muitas vezes, cruel. A notícia falsa se propaga da mesma forma que a verdadeira. Desmenti-la demanda uma energia que nem sempre temos. A notícia da nossa suposta separação se espalhou rapidamente e foi até capa de uma revista qualquer. No dia, estávamos gravando um programa do Multishow em casa. Eu, Daniela e as crianças. Ninguém entendeu nada. A equipe de gravação ficou boquiaberta com as mentiras que circulavam na internet. Estávamos ótimas, como sempre. As nossas meninas mais uma vez se assustaram com as informações que saíam na imprensa. Chegavam tristes e preocupadas da escola, cheias de dúvidas e questionamentos sobre o assunto. Sinto uma indignação e fico furiosa quando as mentiras inventadas cruelmente atingem as crianças. A irresponsabilidade de inventar ou de publicar uma notícia sem a devida apuração deveria ser punida com a perda do direito de exercer a profissão. Com os médicos não é assim? Se eles erram, correm seriamente o risco de perder o registro, perdem o direito de exercer a medicina. Os médicos lidam com a vida e os jornalistas lidam com a honra, com a imagem, com a emoção, com a verdade.

E dizer a verdade incomoda muita gente. Provavelmente por isso, nós duas viramos alvo dos que não conseguem exercer com dignidade a profissão que escolhi para mim.

Outra notícia falsa, em cuja vez sentimos o preconceito vivo, foi a do fim do camarote de Daniela. Há anos ela já queria ter terminado com esse ponto emblemático do carnaval baiano. Este ano, logo depois da festa, em março, ou seja, antes da notícia pelo Instagram, ela me disse que havia tomado a decisão e que não faria mais o camarote em 2014. A notícia inventada foi que (imagine só!) os patrocinadores não quiseram mais investir no camarote porque ela estava se relacionando comigo, uma mulher. De onde tiraram isso? Não foi feito nenhum contato com o patrocinador. Ela decidiu antes do aviso público de nosso relacionamento. Quem pode ter inventado isso e por quê? Nós devemos sempre nos questionar. As coisas não são inventadas por acaso. Há um preconceito gigantesco em tal afirmação e o leitor deve estar atento. É preciso saber filtrar os veículos sérios dos duvidosos. É preciso ter senso crítico para deixar de dar audiência aos fracos de caráter, pobres de espírito e aproveitadores da boa-fé do público.

Uma outra questão que é constantemente abordada por jornalistas é o que eles chamam de "superexposição" da nossa relação. A exposição acontece independentemente da nossa vontade. Basta sairmos juntas para os paparazzi tirarem fotos e a notícia sair em sites. E sai do jeito que eles querem. Há pouco tempo fomos jantar em um restaurante de São Paulo e na saída havia uma porta giratória. Eu estava andando na frente. Eram mais de duas horas da manhã. Quando saí dei de cara com um fotógrafo que apontava a câmera para mim e disparava como se fosse uma arma, tamanha a agressividade. Os flashes me assustaram. Virei para trás e disse: "Amor, volte!". Ela nem viu o que era, mas confiou em mim e deu meia-volta. Eu entrei rapidamente no carro onde estava nosso motorista. Ela esperou uns cinco minutos e saiu para entrar no mesmo carro que eu estava. No dia seguinte a manchete era: "Daniela e Malu jantam juntas, mas saem separadas". Piada, né? Chega a ser piegas e até tragicômico. Daniela está acostumadíssima com esse tipo de absurdo e eu estou me adaptando, mas ainda me sinto muito agredida.

Pois bem, quando nos "acusam" de superexposição, a maioria das pessoas não percebe que boa parte das notícias é criada por jornalistas interessados em factóides capazes de gerar acessos nos sites, blogs e afins. É diferente quando a notícia é decisão nossa. Perceba que sempre há a intenção de quebrar paradigmas e libertar as pessoas do preconceito, abrindo mentes. Quando decidimos aparecer nas capas de revistas, e demos entrevistas para veículos importantes, encontramos uma forma de manifestação política, de luta pelos direitos iguais e pelo respeito às diferenças.

Acho difícil que a maioria das pessoas consiga entender hoje o que significa essa exposição da nossa privacidade. Mas, tenho certeza de que, no futuro, nosso gesto será compreendido.

Daniela nunca precisou expor a vida particular dela para absolutamente nada. Ela tem uma carreira coesa, vencedora, é cheia de sucessos, prêmios e hits, com uma trajetória pouco vista na nossa música. E ainda tem uma força artística incrível.

Eu não suporto ser o centro das atenções, nem ter minha vida exposta, mas percebo a importância de dar a "cara para bater". É a partir do nosso exemplo que muitas famílias levaram o assunto para a mesa de jantar. Tendo filhos gays ou não. A discussão tomou os bares, os restaurantes, os cafés e as salas de aula, também virou pauta nas redações, nos trabalhos universitários e muito mais.

Fotografia de:
Klaus Morales

É impossível mensurar a importância que isso terá no futuro.

Sabemos que estamos ajudando a mudar a cabeça das pessoas na nossa sociedade, mas sabemos também que é difícil perceber o valor disso enquanto estamos dentro do aquário. Ou seja: é difícil olhar para si e perceber o lugar em que estamos. Esse exercício tem que ser diário e obstinado para vermos além do óbvio. Enxergar o que aparentemente não existe a olhos nus é para poucos, mas são esses poucos que revolucionam o mundo. Espero que você que está nos lendo seja uma dessas pessoas. É difícil evoluir e quebrar padrões. É difícil sair do modelo de família que aprendemos a reconhecer dentro de casa, com nossos pais e avós. Mas hoje eu sei que é possível e é por isso que passamos pelo assédio, enfrentamos as pedras e esperamos a compreensão de quem está saindo da caixinha para enxergar o mundo com os olhos despidos de preconceito.

Vestida e desnuda
pelas palavras
as mesmas carnívoras palavras
as mesmas escravas subservientes
e repetitivas palavras.
Ah! não mudam.
Como não mudamos
falamos, falamos
mas somos
aquele mesmo poço sem fundo
aquele lugar profundo
onde afundamos
desejos, festejos, amigos
decepções, parentes perdidos
amores esquecidos
nossa própria contradição.
Lá no inconsciente onde o que está
morto
por um motivo qualquer
ressuscita
apesar de tão bem enterrado
nas vísceras e na visão
Aquela que vê
quando não há razão.

A PARADA GAY DE SÃO PAULO

A Parada Gay da maior cidade do Brasil foi um momento muito importante na nossa história. Foi a primeira vez que Daniela participou de uma parada. Na véspera, ela havia se apresentado no Rio de Janeiro para um público GLS. Eu estava no show, mas não estaria na parada. Tinha plantão na TV Bahia e meu senso de responsabilidade não me permitiu pedir minha liberação para participar daquele momento tão importante para nós duas.

Daniela estava triste, abatida, por eu não ir para a parada com ela. Eu estava arrasada. Não achava justo deixá-la sozinha num momento desses. Já estava conformada. Foi quando meus colegas de redação começaram a se movimentar, mesmo sem eu pedir, para que eu estivesse presente na parada, que todos consideravam um momento importante. Minha companheira de rádio e de TV, a grande repórter Andréa Silva, foi comentando, por iniciativa própria, com todos os editores-executivos e chefes para sondar quem poderia me substituir. Uma amiga do departamento de esporte, a editora-executiva Cristina Mascarenhas, soube da história e se ofereceu prontamente. Ainda me deu bronca por não ter pedido a ela antes. Recebemos a notícia da liberação aos 47 do segundo tempo, já na noite anterior à parada. Daniela parecia uma criança de tão feliz que ficou. Eu tirei um peso enorme das costas porque sabia que precisava estar com ela naquele trio elétrico.

São Paulo, que também é minha cidade, amanheceu chuvosa naquele domingo. Estava gelado e nós duas com aquele frio no estômago. Saímos do hotel para a avenida Paulista, mudas. Chegamos à Parada Gay com o público aos gritos. Aquilo era muito forte. Para mim, particularmente, mexia com emoções profundas.

Fotografia:
Folha Press

Não havíamos combinado nada, mas, em determinado momento, Daniela me chamou para junto dela. Fui andando, morta de vergonha e, quando cheguei perto, ela me apresentou ao público. As pessoas gritavam e acenavam, e mostravam faixas de protesto contra Feliciano, o pastor da Comissão de Direitos Humanos, e a favor da gente.

Foi aí que ela me puxou, olhou para o meu rosto e me deu um beijo delicado. Foi o beijo que entrou para a história como o primeiro beijo gay em horário nobre na TV Globo. O Fantástico transmitiu em rede nacional. Não acreditamos. Ficamos felizes e percebemos que, aos poucos, o mundo estava mudando também. Aquele beijo não foi só um selinho, ele trouxe mais um embate para a mídia e para a sociedade brasileira. Foi o primeiro passo para o dia em que será natural que qualquer casal, independentemente de cor, sexo ou religião, viva em paz e possa demonstrar afeto em público sem medo de constrangimentos.

A vida ao lado dela

Viver com Daniela é estar com as malas prontas o tempo todo. Não há rotina. Não se pode fazer muitos planos porque tudo muda rapidamente. Sou muito correta em tudo, principalmente profissionalmente. Desde muito cedo, sempre tive um senso de responsabilidade enorme. Então, eu estava rebolando para conseguir acompanhá-la em boa parte das viagens que ela fazia no fim de semana. Mesmo assim, muitas vezes, íamos separadas ou eu voltava sozinha porque tinha que chegar a tempo no trabalho.

Foi então que recebemos o convite para escrever este livro. Uma proposta deliciosa. Primeiro porque é sobre a nossa história e fala de amor. Um oásis para quem está apaixonada. E, segundo, porque era meu sonho. Conversamos muito até aceitar a proposta. Percebi que seria difícil conciliar a vida com Daniela, cuidar das crianças, resolver os problemas domésticos, escrever o livro e trabalhar ao mesmo tempo na TV. Junte isso a pelo menos três horas de engarrafamento diárias. Humanamente impossível. Estava justamente nesse dilema de falta de tempo quando sofri um acidente. Caí enquanto brincava em uma pousada no litoral norte. Quebrei o nariz e machuquei bastante o meu rosto. Daniela quando viu meu rosto ferido, ficou sem cor. Fiquei com pena dela.

Uma amiga colocou as crianças no carro para levar para casa e Dam me levou para o hospital onde minha irmã, que é médica, estava. A recuperação foi dolorida e me deixou de molho durante 15 dias. Foi nesse período que refleti sobre minha vida, conversamos bastante e eu resolvi que pediria demissão. Abandonei não apenas os dez anos de TV Bahia, mas também a profissão de jornalista, carreira que segui durante duas décadas. Foi um momento delicado para mim e, mesmo com todo o apoio de Daniela, a decisão final era minha. Quando achei que o tsunami ficara um pouco mais brando, senti a onda da transformação ganhar força de novo. Não havia jeito de escrever o livro, me dedicar às crianças, à Daniela e ainda trabalhar na TV.

Sair da TV me fez perceber também que esse era o único modo de manter essa relação tão linda. Para amar suficientemente é preciso testemunhar a rotina do outro. É preciso aplaudir o sucesso e lamentar algum infortúnio. É preciso estar do lado e conviver, senão você deixa de participar do dia a dia e começa a vê-lo esporadicamente. Do contrário, em vez de viver ao lado dela, eu passaria a ser ouvinte. Eu queria acompanhar todos os shows que ela faz. Viver ao lado de Daniela é conviver com um ser humano forte e intenso em todos os momentos do dia. Perder essa convivência, seja por qualquer motivo, seria um desperdício gigantesco. E a vida é tão curta, não é? É preciso estar presente.

Hoje estamos voltando de Atlanta, EUA, tão apaixonadas e alegres, pensando como vai ser nossa festa de aniversário. Desde minha adolescência que não tenho tanta alegria de festejar a vida. Houve alguns momentos em que espiritualmente me senti fortalecida, anos mais alegres e vibrantes, como, por exemplo, quando completei os meus 40 anos de idade. Quando senti que tinha chegado num lugar seguro profissionalmente e que já conquistara o direito de celebrar, já possuía uma obra, uma identidade, uma história para contar.

Agora estou tão boba, tão feliz, tão preenchida de amor que devo estar um pouco ridícula escrevendo sobre Malu e eu. Nós nos declaramos uma para outra minuto a minuto. Um sorriso no rosto, uma risada frouxa, uma alegria à toa, uma vontade de ficar grudada no pescoço dela o dia inteiro. Canto um pouquinho e me aconchego em seu colo ou meto minha cara no seu pescoço para sentir sua pele macia e seu cheiro delicioso, pois namorar mulher é maravilhoso em muitos aspectos: não tem barba malfeita, sempre está cheirosa. Ela cuida muito de mim, dividimos as responsabilidades da casa igualmente, e com as crianças é fantástico, pois Malu é segura, extremamente atenta, amorosa e percebe quando as crianças estão tristes ou ansiosas ou irritadas e sempre age com tanto amor e inteligência que me comove. Isso me faz sentir segura de que nossos filhos vão estar sempre muito bem com nós duas.

Ela é simpática, brincalhona, carinhosa e firme. Vau! Fico admirada de ver o encantamento das meninas por ela, as três amam Malu e até minha neta Clarice é louca por ela. Como eu poderia não ser?

Malu ri muito com os meus devaneios, pois eu vivo num mundo imaginário e ela sabe disso. Diz que se encanta com as melodias, com a poesia, com as metáforas e os sons do meu inconsciente que quase sempre viram canções, textos poéticos ou invenções.

Digo sempre a ela brincando que paixão é coisa de Deus e do Diabo, porque coloca a gente de cabeça para baixo.

Tudo que era convicção se flexibiliza. Toda a organização mental e emocional fica em cheque. Paixão chega para fazer a mudança de uma encarnação inteira. Parece que não dá para viver um dia sequer sem trocar olhadelas de cumplicidade. Com certeza paixão é que nem cola: foi criada para fazer um ser humano ter a certeza de que precisa de outro, para ter certeza de que a vida não tem sentido algum sem essa sensação divina e desesperadora, intermitente, consistente, permanente.

Estar apaixonada é como estar bêbada, é um exagero.

Como uma amiga minha disse: no meu dicionário não existe a palavra "economia". Eu vivo assim, o exagero em tudo, tudo é intenso, tenho pressa de viver e porque tenho pressa de viver, exagero.

Eu adoro a eficiência de Malu com tudo em casa e no trabalho. Escrevo constantemente inspirada pela nossa paixão e nosso rico convívio. Malu com sua sensibilidade provoca muitas situações interessantes para o meu crescimento pessoal. Eu, que ao completar 45 anos de idade, decidi não mais me adaptar a ninguém, não mais ceder tanto numa relação a dois, decidi manter minha individualidade, meus espaços e não me confundir demais com mais ninguém. Estava cansada de me comprometer com a outra pessoa e não ter reciprocidade. E não se comprometer com outro é como viver só.

Agora estou eu aqui negando tudo que estabeleci para mim anteriormente.

Namorar e casar com Malu é como viver com uma multidão. Ela me surpreende a cada minuto e não é fácil me acostumar a receber tanta atenção. Ao abraçar Malu sinto que aquele vazio existencial, aquele buraco entre o estômago e o ventre, que sentia existir em minha alma foi preenchido. Repeti por anos que a gente nasce só e morre só. Com ela não me sinto só.

Um Tango

Um tango
ângulo onde sua mão me penetra
quando o meu seio
se põe em seta
em reta, sem nada
saber do sonho.
Se me embebedo
de imaginação
a minha, a sua,
a de meu país,
a do mundo.
Ora, quem sabe de algo concreto
se ao certo não somos certos, completos.
compositores da vida?
Oh, vida!

Que às vezes me machuca,
às vezes me convida.
Quando quero incessantemente me violentar por precisar de amo
Mas se o amor pressupõe crueldade
Em que encarnação deixarei de ser artista,
malabarista,
poeta,
violinista?
Não quero a vida com vista para a terra.
Quero seus olhos estourando estrelas
de brilhar
de estancar o sangue .

Depois da demissão

Minha vida se transformou. Conseguir me adaptar à falta de rotina foi muito mais difícil do que eu poderia supor. A falta de horário para dormir e para acordar, trabalhar em casa com as crianças, viajar e viver muitas novidades me deixaram atordoada. Inevitavelmente comecei a entender mais o universo de Daniela. O trabalho, o planejamento de carreira, enfim, a vida artística e empresarial que ela leva. Isso muda, e muito, a visão sobre a outra pessoa e, também, a admiração.

Conviver mais e intensamente fez com que a gente se conhecesse mais e mais, e de uma forma muito rápida. Nós nos "investigamos" o tempo todo.

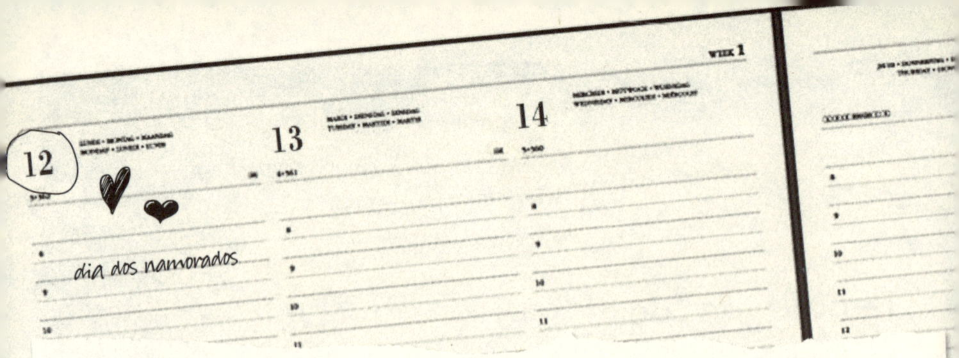

Uma capa em homenagem ao Dia dos Namorados

A entrevista que demos à revista *TPM* foi uma das mais importantes que fizemos até hoje. Primeiro porque foi uma das mais interessantes em termos de percepção e compreensão e segundo porque foi a única capa que fizemos dando um beijo na boca. A entrevista foi muito profunda, feita por duas jornalistas experientes, bem informadas, que vieram ao nosso encontro em São Paulo e conseguiram compreender o que estávamos querendo comunicar.

Não era apenas uma celebridade tendo um romance com uma pessoa do mesmo sexo. Era, antes de tudo, uma história de amor que estava mudando o Brasil. É difícil perceber a história quando ela está acontecendo, mas Ana Paula Franzóia e Micheline Alves perceberam todas as nuances com uma sensibilidade incrível. O beijo na foto foi sugestão da revista e foi abraçada com muita certeza por Daniela. Ela, CLARO, me convenceu e não me arrependo do resultado. As fotos ficaram lindas e a reportagem tocou muita gente na alma.

Fotografias de bastidores:
Célia santos

A decisão do casamento

A manifestação "primeira" sobre o desejo de casar no civil também foi de Daniela. Aliás, a decisão de tudo sempre parte dela (risos). Ela disse que ia casar comigo antes mesmo de me pedir em casamento. Lembro que estávamos em Portugal ainda, logo depois do anúncio do Instagram, quando ela, durante uma entrevista, disse firmemente que iria casar comigo no civil. Olhei para ela e perguntei com cara de riso: "Ah, vamos? Bom saber". Ela gargalhou mas não me pediu em casamento naquele momento. Hoje, eu olho para trás e vejo que Daniela não pediu lá em Portugal porque, na cabeça dela, já estava certo tudo o que nos tornamos hoje. Daniela sempre teve certeza do que queria e de que iria conseguir. É incrível a força do desejo dela. Ai como eu queria poder resistir de vez em quando a tanto querer! Não. Não posso (risos).

Depois de Portugal, com o passar dos meses, ela começou a me pedir em casamento constantemente. Eu também. Acho que peço mil vezes por dia só para ouvir ela dizer sim. E acho que mesmo depois do casamento, vou continuar pedindo. Em julho de 2013 decidimos a data. A relação da gente com Nossa Senhora começou desde o primeiro beijo. Parecia um milagre! Os sinos tocando, em frente à igreja de Nossa Senhora da Vitória, em Salvador. Eram seis da tarde em ponto. A luz do fim de uma tarde de verão em Salvador era mais uma benção.

Que luz incrível tem esta cidade. Um presente!!! Depois disso, várias vezes, em vários momentos, aconteceu alguma coisa que nos remeteu à presença de Nossa Senhora em nossas vidas. Escolher o dia 12 de outubro (de 2013) para casar, dia de Nossa Senhora Aparecida, padroeira do Brasil, é mais do que uma crença nas bênçãos de Maria. É uma aposta de mudança na percepção do povo brasileiro. Depois da escolha da data, mantivemos segredo absoluto para todos. Não queríamos que saísse na imprensa com muita antecedência. Sabíamos que, quanto antes fosse noticiado, mais factóides e notícias de intenção duvidosa seriam publicados.

Começamos a preparar os documentos e a decidir como seria a nossa festa. Muitos detalhes e, com a vida corrida de ambas, ficamos completamente enlouquecidas. Convidamos amigos íntimos, parentes e pessoas que demonstraram apoio à nossa decisão, à nossa comunicação pelo Instagram. Não queríamos muita gente. Não fizemos preparativos tradicionais como convite de casamento, nem exigimos roupas de gala. Queríamos apenas roupas claras para os convidados porque acreditamos que a energia é melhor e atrai coisas boas. Nunca na minha vida pensei ou sonhei com uma festa de casamento. Não passava pelos meus planos. Achava bobo e sem necessidade. Mas Daniela modificou tudo o que pensei a vida inteira e, apesar de sentir um frio no estômago toda vez que penso na cerimônia, experimento também uma felicidade enorme e uma certeza de que estamos indo no caminho certo. Entendo hoje quando as pessoas fazem grandes celebrações. É um momento que ficará eternizado e que sentimos vontade de dividir com todo mundo. Uma loucura esse sentimento!

Os preparativos são outro assunto insano. Escolher cada tipo de flor, cada prato, se é necessário cobrir ou não a piscina, as roupas das crianças, os vestidos de noiva... SOMOS DUAS. Imagine a tragédia! Uma mulher escolhendo um vestido para casar, já é uma loucura. Mas duas, é tarefa capaz de fazer qualquer pessoa se internar em um hospício. Tudo isso no meio de uma rotina atribulada, cheia de shows e compromissos. Uma loucura. Desistimos do estilista que escolhemos primeiro. Não teríamos agenda para encontrar com ele tantas vezes. Estávamos em uma viagem fora do país, a dez dias do casamento e fomos em busca dos vestidos. Compramos os dois em uma grife espanhola e entregamos para a criatividade do grande artista plástico Iuri Sar[illegible] mento. Ele já havia feito estampas de flores exclusivas para nó[illegible] duas. Iuri transformou nossos vestidos. Somos noivas florais, pin[illegible]tadas à mão. Com muita doçura, delicadeza e amor percebid[illegible] em cada traço do pincel dele.

SEM PRECISÃO

Ah, minha esposa, minha mulher,
Que egoísmo querer o mundo só pra mim.
Seria muito chato conter o movimento do mundo, porém querê-la para mim não é cerceá-la, ou prendê-la.
Gosto de bicho solto, imprevisível, inconstante.
Só gosto de você assim, voando, sorrindo, chorando, gritando e gargalhando quando percebemos que somos parecidas, agressivas, aguerridas e absurdamente doces e amorosas.

Você é rosa, essa flor tão única, bela, sofisticada e corajosa.
Ah, a minha rosa dengosa, quantas canções foram feitas para você, tão perigosa, sedutora, fêmea!

Rosa é Malu, rosa vermelha,
não poderia ser de outra cor. Sabe, cor tem personalidade.
E vermelho não seria pra covardes.
É cor de quem provoca vontade, de quem desafia o mundo,
de quem não deixa por menos.
É cor de quem não leva desaforo pra casa,
que age com tanta altivez que deixa o outro pensando no que faz e no que fez.
Essa mulher queria e quer mudar o mundo
e o meu já está ao contrário por causa dela,
não só por ela ser mulher,
mas por ser quem é.
Não conheço homem com tantas qualidades,
Como sou boa na competitividade, não podia deixar
de observar.

Ah! Ela, rosa, é música, ah! É danada como canta Jackson do Pandeiro.

"A coisa pior da vida
É querer bem uma mulher.
A gente deita na rede
maginando porque é.
Com tantas no mei do mundo
só uma é que a gente quer."

Sabe, ah! Que canseira essa rosa,
minha Malu me dá
Eu, que não quero prender ninguém,
dela não acerto soltar.
Ela que eu só pensei em querer bem,
Quero até casar.
Me prende, não me solta assim,
te amo com um sentimento tão humano
de morrer, de matar.

Não preciso de casamento, não preciso de aliança, preciso
tê-la pra essa dança, dança de quem gosta de beijar.
Aliança de olhar. Como disse pra mim.
De esquecer seus olhos nos meus.

Sabe, garota bonita, você é multidão.
Você é livre e forte como o vento,
como furacão.
Tão sensível, astuta, inteligente,

que me lembra a todo instante que sou gente.
Vejo que nem eu, nem você precisamos uma da outra
por precisão.
Gostamos mesmo é de conviver,
de namorar,
de fazer tudo juntas
de trabalhar,
de criar meninos, e de cantar.

Você é a única pessoa que me tira totalmente o vazio
e a tristeza que moravam no meu coração.
É a dicotomia, a verdade, a adivinhação,
a contradição.
Você é um mundo à parte.
E é desse mundo da rosa, do coração, da música,
que me alimento.
Quero a incerteza e a confiança.
Quero a beleza e a criança que há em você.
A rosa do meu bem.
A inconstância que me faz ter sempre o que fazer e o que dizer.

Eu te amo sem precisão,
só por querer, por gostar de viver,
só porque você é a única pessoa
que me faz esquecer que um dia vou morrer.

PAI DE SANTO

Muitas palavras cheias de graça,
outras desgraçadas. Muitas não devem vestir a língua,
tão pouco andarem na boca.
Mas elas vêm prontas de dentro do estômago,
das minhas vísceras.
Sou feita de sorvete, bolo de chocolate e arroz com feijão.
De mágoa e aporrinhação.
De tristeza e de melodia que vêm do coração.
Coração que é o pai de santo do meu corpo,
que bate tambor no meu peito.
Terreiro da contradição.

Minha mulher é um vestido comprido
aquele feito de nuvens.
Aquele que protege do frio, do calor, cura ferida
é o próprio amor.

Vamos casar em 12 de outubro

O ANÚNCIO NA PRINCIPAL REVISTA DE CELEBRIDADES

Eu e Daniela fomos convidadas no mês de setembro para passar alguns dias no Castelo da Revista *Caras*, em Nova York. Daniela não gosta muito desse tipo de exposição. Eu muito menos. Mas vimos ali a possibilidade de anunciar que iríamos casar na capa da principal revista de celebridades do Brasil. Estava faltando cerca de um mês para o casamento e pouca gente sabia da data.

A *Caras* é vista como a revista da família brasileira. É lida em todos os lugares e chega a atingir seis milhões de pessoas por edição. Dizer na capa de uma revista como essa que vamos casar no civil é mais uma forma de manifestar e de entrar nos lares brasileiros afastando e colocando para fora preconceitos. A capa foi uma foto nossa com a legenda: "Vamos casar em 12 de outubro". Simples, singelo e de comunicação mais do que eficiente. A editora-chefe da revista, Valença Sotero, foi muito corajosa e sensível.

CARAS
EDIÇÃO 1037 - ANO 20 - Nº 38 - 20/9/2013
R$ 10,90
EXCLUSIVO
Daniela Mercury e Malu Verçosa, no Castelo de CARAS, anunciam:
'VAMOS NOS CASAR EM 12 DE OUTUBRO'
José Maria Marin e sua Neusa
O PRESIDENTE DA CBF RENOVA VOTOS AOS 55 ANOS DE UNIÃO
OS DESFILES DO NEW YORK FASHION E AS ROUPAS TOPS DO FESTIVAL DE VENEZA
FHC, RODEADO PELA NAMORADA E AS NETAS, TOMA POSSE NA ABL
O ex-presidente com as netas Isabel e Joana, a amada, Patrícia, e Helena, gêmea de Joana

Daniela Mercury e Malu Verçosa anunciam casamento no civil: "É uma conquista da nossa Justiça"

O sorriso de Daniela Mercury está ainda mais cativante. A responsável por este seu estado de paixão é a jornalista Malu Verçosa (37), a quem a cantora — há 18 anos embaixadora do Unicef no Brasil — chama pelo codinome de Maria em poesias, versos e canções. No Castelo de *Caras*, em Tarrytown, New York, elas propõem usar o idílico cenário em referência ao conto de fadas da princesa Rapunzel. E são com pequenos gestos, como a troca de olhares, a gargalhada fácil e até um singelo beijo, que elas alimentam o romance de oito meses. "*Somos somente um casal apaixonado, com vontade de mudar, encher o mundo de amor. Quem não conhece a liberdade, não sabe que está preso; quem não conhece a paixão, não sabe o que é a vida*", filosofa a rainha do axé.

[...]

– Como sentiu a repercussão?

Dani – De fato, não tinha noção do que iria acontecer e dos impasses que viriam. A sensação é de que a gente está sendo ovacionada e de que o Brasil não é tão conservador ou preconceituoso. É mais machista. Pode não ser tão normal ver um casal assim como nós falar claramente sobre a questão. Mas em seu cotidiano, as pessoas já compreendem e estão mais tranquilas com esta convivência. Sempre tive postura política, as minhas canções falam contra o racismo, 'afirmam' o meu povo.

Malu – Facilita sermos bem-sucedidas, bonitas, femininas e a Dani ser artista.

Dani – A comunicação do nosso casamento foi um divisor de águas. Isso pode ser o *start* para uma nova postura. Todos deveriam agir com naturalidade e sair com seus pares. Após a revolução sexual dos anos 1920 e 1960 e os movimentos gays e feministas, chegamos em 2013 ainda amarrados por questões desta imposição moral e religiosa, mesmo em um país laico.

Malu – Espero que daqui a 10, 20 anos não seja mais importante se discutir o relacionamento de um casal colocando gênero em questão. Quando isso acontecer, vamos ter evoluído como ser humano, sociedade e país.

"Vamos nos casar em 12 de outubro" in Revista *Caras*, 20 de setembro de 2013

Foi a primeira vez (ou uma das primeiras) no mundo que um casal gay anunciou o seu casamento oficial na capa de uma revista.
A Ellen DeGeneris apareceu na *Time*, em 1997, dizendo que era gay. Quando casou oficialmente, apareceu na capa da *People* vestida de noiva, mas não houve anúncio. O cantor Elton John mostrou a família na capa da *People* dizendo que era gay, mas não anunciou casamento. Enfim, outras pessoas famosas apareceram como destaque na grande imprensa afirmando serem gays, mas não anunciaram um casamento.
Por tudo isso, a *Caras* foi muito positiva neste momento e, com certeza, ajudou ainda mais o Brasil a se despir dos conceitos enraizados durante séculos. A nossa capa entrou para a história e teve uma aceitação muito interessante e receptiva. Recebemos milhares de cumprimentos nos lugares por onde passamos.
Os fãs começaram a fazer contagem regressiva para o casamento e nossos amigos ficaram mais uma vez orgulhosos.

ARTISTA

Sou do clã dos que enxergam no escuro,
da tribo que sonha acordada, do bando de teatro
do Olodum, do teatro Oficina, dos tropicalistas,
dos sincréticos, dos ecléticos, dos sem fronteira.
Dos vagabundos.
Daqueles que têm em si o mundo.

A tal assinatura

No meio de tanta coisa, eis que chega à nossa casa a assessora de Daniela, Mara Mercuri. Ela veio com a habilitação do cartório para o casamento. Precisávamos assinar aquele documento para que o casamento pudesse acontecer. Daniela pegou o papel na mão, começou a me olhar e, em seguida, me mostrou o que era. Vi que nossos sobrenomes estavam diferentes. Sim, escolhemos mudar os sobrenomes. Eu acrescentei o Mercuri e ela o Verçosa.

Fizemos isso como um gesto político também. Primeiro representando a não submissão de qualquer uma das partes. Nos casamentos heterossexuais, normalmente, a mulher coloca o sobrenome do marido. O homem não muda absolutamente nada em seu nome. Quisemos, então, colocar os sobrenomes uma da outra como forma de protesto e de luta contra o machismo.

Confesso que muito além do posicionamento político, eu tenho um orgulho enorme de carregar o sobrenome dela. De fazer parte da família de Daniela e ela da minha em todos os âmbitos. Também não teremos nenhum problema para registrar um bebê (caso a gente resolva engravidar) com os sobrenomes das duas. Enfim, é uma conquista e tanto poder casar no civil no Brasil. E o melhor é que sentimos que, de alguma forma, fizemos parte dessa conquista. Lutamos por ela também e comemoramos muito quando deu certo.

Mas muita atenção: quando vi aquele papel ali com o meu nome modificado... O que antes era Verçosa de Sá Ribeiro virou Verçosa de Sá Mercuri. E ela passou a ser Daniela Mercuri de Almeida Verçosa.

Aquela mudança me deu um frio na espinha, uma vontade de pedalar, tive uma crise de riso. Falava para Dam: "Amor, preste bem atenção, a gente não precisa fazer isso!" E eu ria, ria, ria como louca. Ela respondeu: "Não quer assinar, não assine. Eu vou assinar". Puta que o pariu! Ali vi o chão abrir. Como diria minha grande amiga Adriana: "Ô hora boa para morrer!". Ela assinou rapidamente e empurrou o papel para perto de mim. Eu continuava a rir. Ao mesmo tempo, Mara dizia que estava com pressa e eu pedia para ela respirar devagar e se acalmar que aquilo ali era para a vida toda. Fui para um lado, para o outro, rindo sem parar, e Daniela ficou fazendo outras coisas, mas prestando atenção em mim.

De repente, me decidi, fui lá, toda corajosa, peguei a caneta e deslizei sobre aquele papel eterno a minha assinatura. Quando terminei, Daniela bateu no meu ombro e disse: "Se fodeu!!!". Eu entrei em pânico naquela hora. Pensei: "Meu Deus, o que foi que eu assinei?". Ela parecia que ia morrer de rir. Gritava: "Agora você é minha, não tem mais jeito". Achei tão lindo aquilo. Ela comemorando minha assinatura. E ainda completou: "Assinei antes porque era uma forma de te pedir em casamento de novo. A sua assinatura é outro sim". Ali reiterei minhas certezas mais uma vez. Ela tem esse dom: consegue fazer com que eu me sinta amada mil vezes em um minuto.

Malu ______________________

Daniela ______________________

A assinatura do documento do cartório

Tudo que escrevi até hoje sobre Malu desde a época em que éramos apenas amigas é muito emocionante, porém nada supera a sensação que tive quando chegou o documento de habilitação para o casamento civil. A emoção foi mais forte do que a que senti quando trocamos alianças dentro de um quarto de hotel em Paris.

Depois de um bom sufoco, assinamos o documento do cartório. Ela brincou, brincou e eu assinei primeiro sem vacilar, pois não poderia perder a chance de pedi-la em casamento de novo e de vê-la, ao assinar esse tal papel, reafirmar seu amor por mim.

Mas, confesso, na hora que chegou o documento com nossos nomes mudados e eu li o novo sobrenome: Daniela Mercuri de Almeida Verçosa, um frio, um calor, um choro, um medo e uma alegria tamanha tomaram conta do meu corpo. A minha vida inteira foi revisitada em segundos. Pensei sem querer sobre o meu ideal de amor, sobre liberdade, autonomia, individualidade, fidelidade e... Em poucos minutos, ali sentada na mesa de almoço, lendo a certidão e olhando para Malu, pensei em todos os meus conceitos sobre casamento, pensei na história da mulher na humanidade, uma loucura!

Malu no meio de uma crise de riso me perguntou: "E agora, pequena, vamos ou não vamos casar? Você tem certeza disso? Vamos desistir? Essa é a hora!". Ela confessou estar em pânico. Malu, que nunca desejara casar com ou sem papel, se deparou com a realidade.

A sensação foi bem maluca. Uma mistura de excitação, de vontade de sair pulando de alegria, que nem criança quando chega ao parque de diversões.

Milhares de imagens vieram em minha mente, como flashes. Lembrei de trechos de livros que li, dos textos românticos que escrevi, de milhares de canções de amor que cantei e ouvi.

Senti um curto-circuito, um choque de felicidade tomar meu corpo. Lembrei que estava viva, mais viva do que nunca, e com mais coragem e esperança do que tive em todos os momentos desafiadores da minha vida. Casar é mais emocionante que entrar no palco mais glamuroso do mundo, e mais excitante que enfrentar, no carnaval, ruas cheias de gente, shows com multidões a perder de vista.

Bastou eu pegar a caneta para meu corpo adormecer inteiro, pensei que ia desmaiar (risos), um calor correu por minhas veias como se tivesse tomado uma garrafa inteira de champanhe, como se um contraste para exames tivesse sido injetado em minhas veias – e ainda tem gente que precisa de drogas para sentir tudo isso (risos). O perigo traz essa sensação extraordinária, adoro! Afinal, a minha vida já é uma montanha-russa íngreme e gigante. E eu não iria escapulir do melhor, o amor!

Assinar o documento foi como me jogar de *bungee jump* da maior montanha do mundo. E eu que tenho tanto medo de altura...

Foi aí que me perguntei se era possível realmente viver, amar e cuidar de Malu para o resto da vida. E se ainda era possível acreditar na felicidade.

E, então, aos 48 anos de idade, com uma carreira sólida, cinco filhos e alguns casamentos, volto a acreditar no casamento convicta de que viveremos juntas para sempre. Sempre tive uma enorme capacidade de amar, me joguei de cabeça e lutei por todos os meus relacionamentos, mas Malu me fez entender o que é ser amada.

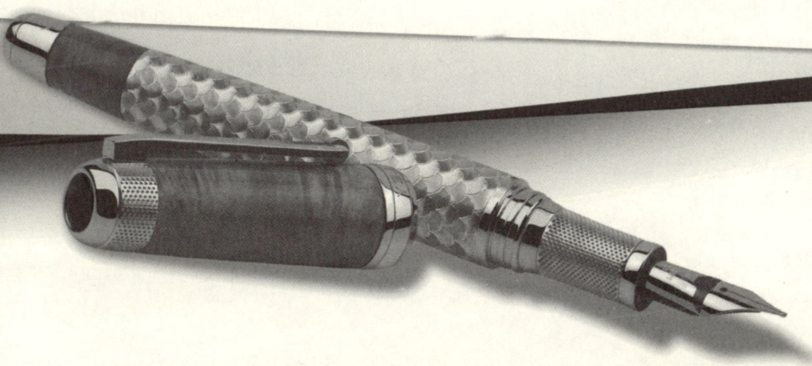

(Texto sobre minha infância, minha família e o convite para o casamento civil)

Sou didática, adoro explicar tudo da mesma maneira que gosto de aprender. Sou uma aluna da vida e me aproprio de todo o conhecimento disponível. Presto atenção a tudo. Quem está do meu lado tem a impressão de que eu estou alheia ou dispersa, mas é meu excesso de atenção aos detalhes. Falas, roupas, cores, expressões.

Sou intensa em tudo, um exagero. Gostaria muito de não sentir tanto tudo. Os meus sentimentos são autoritários e para amenizá-los eu me expresso, danço, canto, amo e me aquieto em casa para criar, me concentrar e usar essa força e energia pra produzir o necessário pra minha vida e a de quem me cerca.

Controlar esse vulcão que vive em erupção dentro de mim é muito trabalhoso (risos). Sempre me perguntam de onde vem tanta energia. Pois bem, é dessa força emocional.

Na mulher o inconsciente está exposto; no artista, o inconsciente é acessado todo o tempo em busca da criatividade e de inspiração. É quem guarda todas as imagens, sons, percepções do mundo. É lá o tesouro escondido em nós.

Meu pai é assim como eu. Tem uma sensibilidade absurda, como o compreendo. É de uma bondade inigualável e é tão emotivo que parece estar sempre à flor da pele, imaginem eu, que tenho pele de flor!

Sou movida a amor como ele, mas tudo que nos fere gera um mal estar tão intenso quanto o próprio amor. Moro longe de meus pais desde adolescente. Me mudei aos 16 anos pra casa dos meus avós maternos e de lá, com 19 anos, me casei a primeira vez. Fui morar num pequeno apartamento no bairro de Brotas, em Salvador, perto da casa de meus pais.

esde criança luto por minhas ideias e meus pontos de vista. Com dez
os de idade decidi ser bailarina profissional, comecei a ir de ônibus,
zinha, para as aulas e consegui a minha primeira bolsa de estudos em
ança, pois meus pais acharam que a dança tirava minha atenção dos
studos.

omecei a trabalhar muito cedo pra ter independência. Com 15 anos
antava em bares, estreei no carnaval de Salvador num bloco pequeno
hamado Kuka Fresca e comecei a dar aulas de Balé, numa das
elhores escolas de dança da cidade. Ganhei a segunda bolsa de
studos da minha vida por perseverança e talento, mas mesmo assim tinha
ue pagar meu transporte, as roupas e as aulas de Balé clássico que
ram fundamentais para meu aperfeiçoamento. Além de aulas de inglês
ara tentar falar outra língua. Com 18 anos passei no vestibular da
Jniversidade Federal da Bahia, para o curso de licenciatura em dança,
persegui meu sonho até conseguir realizá-lo.

Desde menina trabalho muito, pois além de tantas aulas e bandas,
os filhos mais velhos Gabriel e Giovana nasceram quando eu tinha
apenas 20 e 21 anos. Cursava a universidade e cada aula era num
lugar diferente da cidade e eu ia de ônibus muitas vezes grávida. Fui
coordenadora da escola de dança da escola Sacramentinas. Dançava
no grupo Salto, cantava várias noites em bares e em trios elétricos como
integrante da Banda Eva, nos finais de semana ainda fazia ensaios e
shows com a banda Companhia Clic, banda que criei e gravei meus dois
primeiros álbuns, ao mesmo tempo em que era Vocalista de Gilberto Gil.

E em casa ainda lavava, passava, cozinhava, arrumava e cuidava de
Gabriel e Giovana, os filhos mais velhos. Aumentei a família em 2011
quando adotei Marcia Vanessa, Ana Alice e Ana Isabel, que há um ano
são criadas por mim e Malu.

Desde menina que vivo questionando conceitos culturais e artísticos consagrados, buscando um caminho novo, próprio e original. Quebrar paradigmas na arte e encontrar novos conceitos é muito difícil.

Sou muito curiosa com a vida, adoro todas as expressões artísticas, amo filosofia e gosto de política, por isso também resolvi me tornar uma militante social atuante e com conhecimento dos problemas do Brasil e de outros países. Hoje, além do trabalho como embaixadora do Unicef, que começou há 18 anos, sou representante do instituto Airton Senna e criei o meu próprio instituto pra prestar serviços sociais através da arte. Chama-se instituto Sol da Liberdade. Com tantas mulheres fortes na família não podia ser diferente. As Avós dos dois lados tiveram vidas bem longas: uma faleceu com 97 anos e a outra com 101 anos, ambas muito inteligentes e cultas. Vó Olga, mãe de minha mãe e Vó Josefina, de meu pai e Tias dos dois lados, foram, e as que ainda estão vivas, são muito inteligentes e de personalidade forte. Minha Vó Olga brigou com seu pai quando era jovem por que queria ler e conseguiu. Minha vó Josefina ficou viúva muito cedo e começou a trabalhar como relações públicas numa casa de chá muito chique, da loja Slooper, a melhor loja de roupas da Bahia na época, que ficava na rua Chile. Nessa época, a maioria das mulheres não trabalhava.

Minha mãe começou a trabalhar com 14 anos de idade. Ela tem um pouco mais de 1,50 cm, mas como diz meu pai: É uma gigante. Antes de eu e Vânia Abreu, minha irmã caçula, nos tornarmos famosas, a estrela da casa era s minha mãe. Primeiro como diretora da escola de serviço social da Universid Católica do Salvador, depois como Pró-Reitora para Assuntos Acadêmic e atualmente como Vice-reitora da mesma universidade já há vários anos.

nho certeza que a forma como fomos educados foi determinante para sermos em somos. Cristiana, a minha irmã mais velha também tem uma carreira mirável, é doutora em ciências sociais, foi vice-diretora da escola de serviço cial da UCSAL e hoje é professora da Universidade Federal da Bahia.

eus pais e avós são Europeus. Meu Pai, Antônio Abreu, é português e minha ãe Liliana Mercuri, baiana naturalizada italiana. Os dois são cultos, sensíveis, morosos e muito católicos. Eu só fui entender a diferença da cultura brasileira ara a europeia quando eu viajei para Portugal e Itália e fui reconhecendo os ábitos e a maneira de pensar e agir de meus familiares. Sempre houve dois undos. Um dentro de casa e outro fora de casa e eu não percebia isso. Adoro er essa mistura.

Meu pai é técnico em mecânica e corretor de imóveis já aposentado. Ele nos nsinou a amar a música, o cinema e a poesia. Cultura que também veio de sua ãe, vó Josefina e de sua irmã tia Marilia Farias, que era poetisa.

Do lado materno, o avô Edgardo Mercuri e a vó Olga tocavam piano. A vó Josefina foi concertista de piano, instrumento que minha mãe também tocou na nfância.

Meu pai sempre teve alma de artista. Não é à toa que eu e Vânia, nos tornamos cantoras profissionais e os dois irmãos Tom e Marcos foram Djs na adolescência, e Cristiana ama cantar e poderia ter sido cantora profissional pela belissima voz que tem.

A arte esteve sempre conosco, como o amor.

Esta família tão interessante de mulheres fortes e homens sensíveis me fez ser quem sou. Quando resolvi me casar com Malu recebi apoio de todos os meus irmãos, de minha mãe, que acolheu Malu com muito carinho e amizade, e de meu pai, que se preocupou um pouco mais. Eu lhe disse pra ficar tranquilo, que tudo estava bem e que eu e Malu nos amávamos muito, por isso tínhamos decidido viver juntas.

Conversamos sobre amor, sobre religião e eu avisei a ele sobre o casamento civil e ele disse: "Nada me importa além de sua felicidade, saiba que é desafiador pra mim tudo isso, mas eu te admiro, te apoio e te amo."

Comuniquei por telefone aos amigos e a família que iria me casar com Malu no civil e que no dia 12 de outubro de 2013, na nossa casa, em Piatã. Decidimos fazer uma festa tão íntima que não teve nem convite impresso.

Depois da repercussão da nossa união pelo Instagram o casamento civil era uma confirmação da nossa escolha, um ato político de afirmação dos nossos direitos, mas acima de tudo, a festa pra celebrar nosso amor com os amigos queridos e nossas tão amadas famílias.

Roupa Nova

O mesmo motivo
que me fez nunca me guardar,
nem esconder
me faz cantar.
Me faz vestir canções
com arranjos originais.
Me fez negar os meus ídolos,
Por amá-los como a meus pais.
E depois me despir de mim mesma
e voltar aqui em
silêncio, sem notas,
sem qualquer palavra,
e vestir a anágua nesta minha alma d'água,
translúcida, pelada.
Pensamentos são minha pele.
Comportamentos meus vestidos compridos.
A arte a fratura exposta
O que mais me mostra.

Daniela Mercury

O GRANDE DIA: NOSSO CASAMENTO CIVIL

Nunca em minha vida pensei em casar vestida de noiva e com o ritual típico que vemos nos casamentos dentro de nossa sociedade. Aliás, desde criança, sempre disse que não esperassem isso de mim. Acho que tem a ver com a criação. Meu irmão foi o único que casou na igreja. Minhas irmãs nunca quiseram também. Casaram no civil, mas nunca com cerimônias. Eu e Daniela já nos considerávamos casadas no coração. Desde que colocamos a aliança e anunciamos no Instagram, sentíamos a nossa relação como um casamento igual a qualquer outro. Logo depois da comunicação que fizemos na rede social sobre nosso relacionamento, estamos morando juntas. Mas, então, por que casar?

Poucos meses depois que decidimos ficar juntas, o Brasil passou a permitir o casamento civil entre pessoas do mesmo sexo. Um avanço gigantesco dentro da nossa democracia e que deu segurança a casais gays de terem exatamente os mesmos direitos que os casais heterossexuais. Na Bahia, nosso estado, o casamento já era permitido desde o fim de 2012. Mas quando começou a valer em todo o Brasil, passou a ter um peso político ainda maior para a sociedade e também para as nossas vidas. Daniela já havia dito nas entrevistas que nos casaríamos e ficamos esses meses todos nos pedindo em casamento várias vezes por dia. Em mais uma tarde apaixonada, falei: "ok. Vamos casar mesmo! Qual a data?" A partir disso começamos a adequar a nossa agenda de compromissos profissionais e a organizar os detalhes do casamento.

Dois Buquês

A pele em flor
meu amor.
A dor se foi
ficaram dois
buquês de rosas.
Duas prosas.
Duas garotas.
Duas moças.
Duas meninas.
Duas maçãs.
Muitas manhãs.

Budistas e representantes do candomblé se ofereceram para realizar a cerimônia, mas resolvemos não ter um ritual religioso. Queríamos algo com a nossa cara. Somos mulheres de muita fé, com a energia voltada para o bem e não pensamos em fazer nada ligado à religião. O desejo era o de ter um ritual artístico, poético e filosófico. Começamos a organizar isso. Fizemos um roteiro com nossos textos uma para outra (alguns estão publicados aqui nesse livro) e com músicas que eu canto para ela e ela canta para mim. Além disso, escolhemos poesias lindas que amamos e pedimos para os padrinhos, irmãos, sobrinhas e nossa filha mais velha, Marcinha, ler. A semana que antecedeu o casamento me transformou. Nem eu esperava que aquilo tudo mexesse tanto comigo.

Juntou a ansiedade, uma dieta de proteína (essa é de matar), uma TPM (NUNCA tenho!!!!), o nervoso, os preparativos e o medo de casar e mudar de nome. E confesso: me tornei um ser humano insuportável.

Nunca havia discutido tanto com Daniela. Ela também estava nervosa, mas eu era a pior pessoa que tinha sido durante toda a minha vida. Eu e ela conseguimos superar isso também.

E, depois daquela semana, tenho certeza que não há nada que me separe de Daniela (risos).

Quero Beijar

Quero o sol entre minhas pernas.
Quero gente grande.
Quero mulher dessas bem belas.
Cheia de curvas.
Quero chuva de encharcar
Quero peitos e bunda.
Quero beijar.

Boa parte dos preparativos musicais ficou por conta de Gabriel, filho mais velho de Daniela e um grande músico e cantor. Durante as férias em Paris, eu sempre cantava aos gritos no meio da rua uma música antiga de Ivan Lins que se chama "Ai, ai, ai, ai, ai". Daniela se acabava de rir. A música diz que ela é o grande amor da minha vida. Foi lembrando disso, e com os olhinhos apertados num sorriso, ela me pediu para cantar essa música para ela no casamento. Quase pirei. Eu não sou cantora, mas canto o dia inteiro. Sempre cantei. Amo música. Me mobiliza, me transforma, me acalma. Cantava, inclusive, durante o fechamento do jornal para me concentrar. Vivo de música desde criança. Daniela adora me ouvir cantar pela casa. Mas cantar para 200 pessoas no nosso casamento era uma tarefa difícil. Isso gerou mais um ataque dos meus nervos (risos). É claro que não consegui dizer não. Ensaiei dois dias com meu enteado (Gabriel) e me atirei no desafio.

"É às vezes tudo é lindo
Às vezes tudo engana
Maaaaaaaaass!
Basta um beijo teu e eu
Ai, ai, ai, ai, ai, ai...(2x)

Pudera!
Você é o grande amor
Da minha vida
Ai era! Você é o grande
Amor da minha vida...(2x)"

Ivan Lins

Na véspera do casamento passamos o dia arrumando a casa e dizendo onde queríamos cada coisa. A cerimônia era muito íntima. Duzentas pessoas das nossas famílias e amigos muito próximos. Todos que nos apoiaram e que olharam com doçura para nosso amor. Fomos dormir às cinco da manhã do sábado, dia 12, dia da cerimônia, cuidando dos preparativos. Apesar de exausta, não consegui pegar no sono. Muito antes do despertador tocar, já estava com os olhos abertos. Ansiosa e nervosa. Coisas de noiva, dizia Daniela. E ria como sempre.

Pedimos o café no quarto, mas nenhuma das duas conseguia comer. Com o almoço foi a mesma coisa. As duas estavam uma pilha. Nosso querido maquiador e cabeleireiro chegou. Ricardo Brandão acompanhou toda a nossa história e morre de rir com nosso jeito. Ele é muito bem-humorado e está acostumado a nos acalmar em qualquer situação. Mas, nem Ric salvava aquele dia. Estávamos nervosas demais. Começamos a nos arrumar juntas. A casa estava movimentada. Equipe do cerimonial, técnicos, músicos, crianças. Aquela energia boa de festa, que é uma delícia normalmente, para mim era uma tortura naquele 12 de outubro.

Ter que encarar os convidados, a família, em um dia de emoção e ainda cantar, pode ser o inferno para uma pessoa tímida. Tratei de me isolar no quarto, enquanto Daniela se arrumava no closet. Precisava daqueles minutos de solidão. Eu, mergulhada em mim mesma, cheia de pavor, sentei no chão do quarto e passei a revisar exaustivamente os textos e o roteiro do que aconteceria no casamento. Estar segura da ordem das coisas, do momento em que cada uma falaria parecia ter o poder de tirar o meu nervoso. Deve ser o vício de estreias em televisão. Como diretora, sempre tive que estar muito segura do que aconteceria nos programas que estava colocando no ar. Passei a tentar encarar o casamento como uma coisa profissional. Uma tentativa inútil de distrair meu cérebro (risos). Eu ainda falava para Dam: "Amor, você está superacostumada a entrar em palcos com milhares de pessoas. Eu não. É muito difícil para mim. Me libere dessa missão de ainda ter que cantar."
Ela gargalhava e dizia que de jeito nenhum me liberaria. Ou seja: não tinha jeito, eu não conseguiria escapar. De alguma forma, Daniela também achou que podia distrair o cérebro dela com a imaginação e fazer do nosso casamento um palco. Mas não dava. Ali era vida real!

CORDA BAMBA

Quero alguém que ande comigo na corda bamba
E que se balance quando eu balançar,
que se equilibre pra eu me equilibrar.
Que se alegre quando eu dançar.

Quero alguém que me abrace quando eu chorar
e se emocione com meu canto.
Que me escute com atenção.
Que confie nos meus olhos pra lhe guiar
e que em seus olhos eu também possa confiar.
Alguém que me defenda de mim mesma.
Que me proteja do ataque dos meus nervos.
Que me faça rir da tristeza.
Que me acorde cedo.
Que me encha de beijos sem avisar.
Que faça a minha vida ser sua
só por me amar.

Eram 18h05 quando atravessamos a sala de nossa casa em direção à piscina. Lá, estavam todos os convidados. Eu segurava na mão dela como se estivesse caindo de um precipício. Não sei como não machuquei a coitadinha (risos). Aliás, sei por que não a machuquei: a nossa pequenininha Bela (Ana Isabel) quando viu a gente vindo pela sala, prontamente entrou no meio das duas e segurou as nossas mãos. E foi conduzida por ela que passamos pelas duas salas, até chegarmos à área externa da casa. Daniela então cantou a "Ave Maria". Minha sobrinha de 16 anos, Ana Maria, que tem uma voz belíssima e canta lindo, emendou cantando "Hallelujah". Nesse momento, eu já estava completamente emocionada. Eu e Daniela lemos textos lindos durante as músicas. Gabriel e a esposa, Taís Nader, ainda cantaram "Pela luz dos olhos teus". Tudo muito bonito e harmônico. A cada rosto que eu fitava, uma expressão de felicidade e admiração. Um dos momentos mais bonitos foi quando Cristiana, irmã de Daniela, fez um discurso para a gente falando do amor e, bem emocionada, nos chamou de irmãs. Desejo que os ventos de Yansã levem para bem longe toda intolerância e preconceito e tragam muita felicidade. E que o manto de Nossa Senhora cubra de bênçãos esse mundo novo, pleno da diversidade criada por Deus." Depois, ela e Dam cantaram juntas "Eu Sei Que Vou te Amar". A cada rosto que eu fitava, uma expressão de felicidade e admiração. Eu ia olhando aos poucos para as pessoas. Era como se estivesse me ambientando naquele lugar. Olhava para um, sorria e desviava o olhar. Assim fui fazendo a cerimônia toda. Bela continuava ali entre nós duas segurando minha mão e me dando um apoio enorme mesmo sem saber conscientemente. Criança tem dessas coisas, não é? Ela, provavelmente, sentiu nossa angústia e grudou. Não se importou de ficar em frente às câmeras e flashes dos fotográfos (ela não gosta de jeito nenhum de ser fotografada). Aos poucos vieram as outras crianças: Clarice, a neta de Daniela, Lídia, sobrinha de Dam, e Jaqueline, filha de nossas amigas Help e Lu. Elas ficaram brincando ali na nossa frente. Em alguns momentos pareciam parar para prestar atenção no que estava acontecendo, em outros, pareciam descolar da nossa realidade. Eu, muitas vezes, me peguei admirando Bela. É tanto amor que sinto pelas crianças. Hoje sei o que é ser mãe delas. Em outros momentos, Bela vinha falando: "mamãe Malu, tire meu sapato". Depois voltava pedindo para colocar de novo. Depois pedia para tirar a meia, e aí queria colocar a meia de novo. E eu com aquele vestidão, fazendo todas as vontades dela. Coisas que as crianças fazem normalmente. Era tudo tão natural e tão fofo que eu fui relaxando. Me senti em casa mesmo com tantas pessoas ali. O olhar de emoção de nossas meninas era um bálsamo. Marcinha estava visivelmente emocionada e depois do casamento deu o veredicto adolescente "foi perfeito". Dona Mari, Maria, Tina, Érica e Vado, que trabalham há anos ajudando com a casa também assistiram à cerimônia com admiração. O juiz abriu a sessão e falou as informações obrigatórias que devem ser ditas em todo casamento civil. Depois falou que nosso amor havia emocionado ele durante a cerimônia e que era a primeira união homoafetiva que ele estava realizando e que havia se preparado muito para aquele momento. Falou coisas bonitas e simples que tocaram também os convidados. Deu até para fazer um suspense na hora de dizer o "sim". O de Daniela foi rápido e convicto. Ela respondeu prontamente: "Sim, eu aceito. Malu agora é minha esposa, minha família, minha inspiração pra cantar." Eu demorei alguns segundos em silêncio e todo mundo caiu na gargalhada. Pareço ser muito séria, mas no fundo sou uma palhaça. Depois falei correndo: "Sim, Daniela. Me caso mil vezes com você."

TEXTO DO SIM

Ressurreição

Você chegou num lugar dentro de mim
Que nunca ninguém ousou entrar.
Você me provoca, me irrita
invade o lugar da tristeza e limpa.
Me faz ser melhor e me obriga a gostar de mim mesma.
Me faz explodir e vomitar tudo de mal que engoli.
Cria alvoroço lá no lugar do desgosto.
Me faz chorar de raiva de existir, e quando quero fugir, você não deixa.
Me acorda cedo, me dá sermão e até acerta o ritmo do meu coração que batia sem motivo.

Quando escrevi no Instagram:
Você é minha inspiração, eu já sabia
mas nem sabia, que já sabia dessa invasão.
Te deixei entrar,
me incomodar,
e, por fim, me amar.
E sem permissão,
Provocar em mim,
minha ressurreição.

Fotografia:
Célia Santos
Fabio Cerati

Nesse momento, começamos a cantar juntas "Amor de índio" (sim, todo amor é sagrado...) e Alice, nossa filha do meio, trouxe as alianças lindas feitas com muito carinho pelo nosso amigo designer de joias Carlos Rodeiro. Ele ficou tão alegre com nosso pedido para criar a aliança da nossa união civil que fez uma peça única com cara de joia de avó, com uma linda flor de brilhantes que tem um ar retrô muito diferente e original. Uma aliança marcante como nossa paixão e, segundo Daniela, bem leonina: ela não passa despercebida (risos). Alice estava linda e bem nervosa, mas fez tudo direitinho. Caminhou emocionada, como se estivesse carregando um cristal, e nos entregou. Trocamos as alianças que vão ficar para sempre nos nossos dedos com frases lindas dentro de cada uma: na minha aliança está escrito "Dam, meu sol" e na dela tem "Malu, minha alegria". É assim mesmo: ela me ilumina e eu alegro ela com o meu jeito. Uma relação de muito cuidado, de muito respeito e de alegria e de cumplicidade. Trocamos as alianças e nos beijamos. Um beijo singelo, cheio de boas intenções e de planos para toda uma vida. Daniela, então, me surpreendeu cantando uma música que compôs para mim. Se chama "Amor Sem Argumento", e é linda. Mais uma vez, me emocionei. Quando chegou o momento para eu cantar a música de Ivan Lins, já nem me importava mais com nervosismo. Já estava em outra esfera da minha vida. Já não fazia sentido estar nervosa. Cantei com amor para ela.

Amor sem argumento
(uma parte da música)

Eu te amo assim sem
argumento.
Eu te amo como para o tempo.
Amor que nos enche de
coragem
pra lutar por liberdade
e enfrentar cada momento.

Eu te amo assim quase em
silêncio.
Eu te amo e é seu meu
sentimento.
Amor que celebra a igualdade.

Serei tua sem vaidade
e eu te peço em casamento.

Diga sim por toda a eternidade,
diga sim pra tal felicidade.
Veste o meu corpo com teu
corpo,
os seus olhos com meus olhos
prende tua mão na minha.

Os momentos seguintes foram de festa e de música na voz dela, que cantou "Paula e Bebeto" e ainda "Maria Maria". Foi assim que saímos do local da cerimônia. Casadas e felizes. Eu e ela sozinhas pulamos de felicidade. Nos abraçamos, nos beijamos e trocamos juras de amor ainda mais íntimas nos nossos ouvidos. Depois, recebemos os cumprimentos empolgados dos irmãos, dos nossos pais, de nossos amigos, filhos, sobrinhos. Todos estavam contaminados e envolvidos pelo nosso amor. Quem ainda não havia entendido a dimensão do nosso sentimento, com certeza, tomou consciência ali naquele momento.

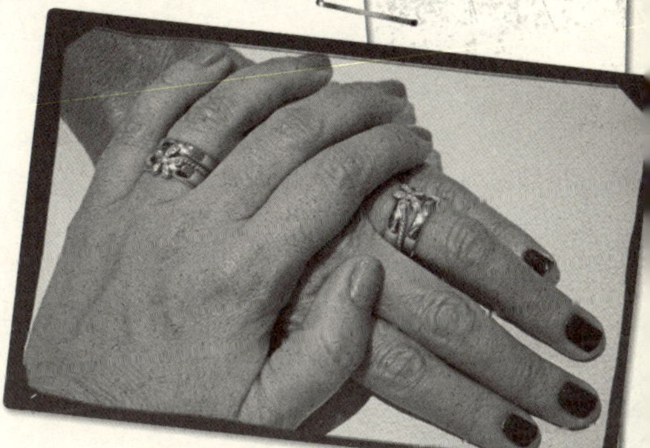

Sem Você nada floresce

Sem você
Nada floresce,
Não anoitece,
Não amanhece,
Não adormece.
O bougainville não cresce.

Não há cor, nem verão.
Sem você.
Sem amor.
Sem paixão.
Você lavou a solidão
que me deixara
nessa casa outrora vazia.
Onde ninguém morava, agora mora Maria

Onde o amor mora.
Maria rara.
Maria amara.
Maria que floresce
no meu corpo em alvoroço,
em alegria.

Maria aflora, senhora da minha
cabeça
rainha da minha cozinha.
Do meu quarto.
Do meu corpo em sobressalto
Ah, Maria me faz dançar.
Dá vida a minha alma
que andava triste de cantarolar
sem razão,
sem amor,
sem verão.
Seu amor em mim vira música, dança.
Seu amor em mim é poesia
Rara Maria.
A Bahia que eu não conhecia.
Mas que intuía que existia
no acarajé,
na mulher que me atravessou a carne
como uma rua de carnaval.
Uma marchinha.
Um frevo.
Um samba sensual.

Sem você nada floresce
Não anoitece, não amanhece
O bougainville não cresce.

Não há cor, nem verão.
Sem você, sem amor, sem paixão.

E nessa casa outrora vazia
agora mora Maria
Maria Rara.
Maria do meu coração.

A festa teve a deliciosa música eletrônica brasileira do DJ Zé Pedro, que também é nosso amigo e admirador da nossa coragem. Só energias boas e gente muito íntima para celebrar e dançar a noite toda.

Fotografia:
Célia Santos
Fábio Cerati

CARAS
EDIÇÃO 1041 - ANO 20 - Nº 42 - 18/10/2013
www.caras.com.br - R$ 10,90
TARCÍSIO MEIRA E GLÓRIA MENEZES BRINDAM AOS 50 ANOS DE UNIÃO
Em festa intimista elas trocam juras de amor e, no civil, os sobrenomes
DANIELA MERCURY E MALU OFICIALIZAM O CASAMENTO
LARISSA MACIEL, GRÁVIDA DE 5 MESES, REVELA NOME DA PRIMEIRA FILHA, MILENA
BAILE DE MÁSCARAS NO CASTELO DE CARAS REÚNE FAMOSOS EM NOITE DE GALA AZUL E BRANCA
MICHEL TELÓ E THAIS FERSOZA DESVENDAM O MILENAR JAPÃO EM TOUR ROMÂNTICO

Casamento de nós duas

Sei que casar é promessa de união pra toda vida e pra ficarmos juntas é preciso mais que amor. É necessário muito desejo, uma enorme convicção, obstinação, força de vontade e caráter, além de felicidade que é feita de mistério.

A vida é tão desconhecida e imprevisível quanto a morte. E se comprometer com Malu é maravilhoso, mas é um desafio e tanto. Antes de eu publicar no Instagram, no dia 3 de abril deste ano, que estávamos juntas, conversamos muito, mas depois da bombástica repercussão da nossa publicação e diante da dimensão política que tomou, casar no civil foi consequência natural.

A loucura foi tanta (risos), que eu nem a pedi em casamento. Afirmei numa entrevista, ao lado dela, que iríamos nos casar no civil e ela brincou comigo dizendo: "É bom saber!". E olhou pra mim com um lindo sorriso no rosto.

Casar. Que delícia! Tem coisa mais gostosa no mundo do que estar apaixonada e pedir e ser pedida em casamento quase todos os dias? Casar no civil já era possível na Bahia, mas no Brasil a discussão continuava. O presidente da Comissão de Direitos Humanos mostrava as suas garras conservadoras destilando ódio e se colocando contrário a união civil entre pessoas do mesmo sexo, enquanto a imprensa, os artistas e simpatizantes da causa demostravam seu apoio e protestavam contra o tal deputado publicando beijos, selinhos entre homens e entre mulheres nas redes sociais.

Aconteceu um turbilhão, fomos capas das revistas mais importantes do Brasil, fizemos muitas entrevistas na televisão e a minha vida, que sempre foi cheia de compromissos, ficou ainda mais.

A luta contra a discriminação ganhou muita paixão. O amor foi a grande revolução. Histórias românticas como a de Romeu e Julieta, de William Shakespeare, que narra a luta por um amor impossível, estão muito presentes no imaginário coletivo.
Espero que o nosso testemunho inspire mais gente a viver na luz.
O Brasil foi testado e mostrou que é muito mais liberal do que pensei.
Finalmente o casamento civil se tornou possível em todo o país.
E então, no dia 12 de outubro de 2013, eu e Malu nos casamos formalmente, trocamos sobrenomes e alianças.
Entramos na cerimônia, realizada em nossa casa, caminhando juntas de mãos dadas. Nossos pais se dispuseram a nos levar até o palco que montamos no jardim, mas preferimos entrar sozinhas e sem o cortejo dos padrinhos. Um casamento à moda antiga já era o bastante. Dois vestidos de noiva formavam uma cena incomum.
Casar é um compromisso pessoal entre pessoas que desejam viver juntas, mas toda nossa história tem sido muito forte e tomou outro significado. A caminhada até o palco foi árdua, cada passo significou uma barreira vencida dentro e fora de nós, e simbolizou um século de conquistas por igualdade. A humanidade ainda luta pelos direitos das mulheres. No Brasil, a cada uma hora e meia, uma mulher é morta pelo marido ou amante em crimes passionais, crimes de uma sociedade machista e violenta. Duas mulheres juntas é um tapa na cara dos machistas. Mulheres e homens são responsáveis pela manutenção do machismo, que é uma doença social.

O homem não é mais poderoso que a mulher, mas a falta de consciência disso e a submissão que muitas mulheres se sujeitam, perpetuam esse comportamento. Algumas religiões impõem a submissão da mulher ao homem e dizem que as mulheres têm que respeitar e obedecer os maridos. Isso não é desejo de Deus, isso é invenção dos homens que escreveram os livros sagrados diminuindo a importância das mulheres para tê-las como uma espécie de escravas. Jesus não tratou as mulheres assim, tratou todos com igualdade. Os dogmas religiosos condenam muita gente a viver como há dois mil anos ou mais. É uma pena que tantas mulheres ainda aceitem ser tratadas como pessoas de segunda categoria.

Voltando ao nosso casamento: quando chegamos ao centro do palco, nossas mãos estavam grudadas como os nossos olhos. Havia tanta paixão, tanto amor e admiração mútua e orgulho no peito, quanto à plena convicção de que nada, nem ninguém poderá nos separar.

Os textos que escolhemos para falar na cerimônia do casamento estão nesse livro e mostraram aos nossos pais, amigos, padrinhos e familiares que não estávamos ali à toa.

Mais uma vez, eu e Malu afirmamos nosso amor, depois de enfrentarmos nossos próprios medos e suportarmos a exposição pública. Estávamos plenas, alegres e mais apaixonadas. E mudando o mundo para melhor, como sonhamos desde a infância.

Há alguns meses, estávamos em nossa casa, quando minha neta Clarice, de quatro anos de idade, viu Malu me beijando na boca e me perguntou rindo: "Tia Malu é casada com vovó Dam Dam?" Eu disse: "Sim." Então, ela perguntou: "Mas não é menino com menina?" Eu disse: "É menino com menina, menino com menino ou menina com menina."

Ela então perguntou: "Menina com menina, pode?" Eu disse: "Sim, querida. Pode!" Ela deu uma grande risada e excitada com a novidade correu para o pai, meu filho Gabriel, e disse: "Papai, vovó disse que menina com menina pode." E meu filho disse: "Claro que pode, filha, e sorriu para a descoberta e alegria da filha."

Ana Isabel, a nossa filha mais nova, de três anos, disse sobre o casamento: "Minhas mamães são princesas, no casamento estavam com roupas de princesa e eu também sou uma princesa."

É tão mais simples falar, apresentar e ensinar às crianças as múltiplas possibilidades de relações de amor entre pessoas. Porém, parece que só há um modelo correto, por quê?
Elas serão mais felizes que nós, aproveitarão mais sua existência, quanto mais abertas forem à diversidade.
Agora, eu e Malu queremos um pouco de tempo, um pouco de calma para curtir nossa paixão, para cuidar de nossas filhas e de nossas carreiras. Mas nunca vamos esquecer de tudo que aconteceu. Queremos apenas uma alegre vida de casal. Bem, muitíssimo bem casadas.

Fotografia:
Célia Santos
Fábio Cerati

DEPOIMENTOS ENVIADOS PELOS NOSSOS PAIS DEPOIS DO CASAMENTO

"Só o amor possibilita a união. A união de vocês duas será eterna porque se amam e, por via de consequência, serão felizes. Somos, igualmente, muito felizes."

Pedro e Josinete (pais de Malu)

"Dam, foi tudo lindo! E, por vários momentos, me emocionei. Desejo que vocês sejam muito felizes. Que a cada dia, vocês fortaleçam os laços de afeto, muito amor, compreensão, tolerância, cumplicidade, descobrindo talentos e virtudes mútuas. Assim é fácil manter o encantamento que percebi existir entre as duas. Amar, amar sempre mais, ambas buscando construir um projeto de vida a duas. Que o Espírito Santo ilumine a caminhada de vocês. Beijos com muito amor para as duas filhas de mamãe."

Liliana Mercuri (mãe de Daniela)

EM LUA DE MEL, FINALMENTE

Dormimos às cinco da manhã num final de noite delicioso. Terminamos o casamento batendo papo com o casal Hernan e Isabel que estava hospedado na nossa casa. São latinos que vivem nos Estados Unidos e que reataram o namoro depois de contarmos nossa história. Vieram de Miami apenas para assistir a cerimônia, o que nos deu muita alegria.

Acordamos às nove para embarcar para Fernando de Noronha. A sensação de abrir os olhos casada, com nomes mudados, nos deu uma excitação inexplicável. Um sentimento diferente, alegre, eufórico, cheio de responsabilidade e com aquele ar de eterno (apavorante – risos).

Lemos algumas notícias sobre o casamento e nos alegrou a frase de Vovô, presidente do Ilê Aiyê. Ele disse: "Foi uma black attitude". Vindo dele, que luta tanto pela igualdade racial e combate o preconceito, é uma honra. Eu e Daniela somos pretas na alma e nos sentimos honradas.

"Foi uma Black Atitude", Vovô do Ilê Aiyê com as noivas e com Dete.

Daniela e Malu

Lua de mel

A ARTE

Corpos nus
peitos entre peitos,
e bicos
e coxas entre coxas
bocas cegas entre as pernas
e o olhar como mais
uma forma de tocar.

Quem precisa compreender
se sua pele está
bordada na minha?
Se seus cabelos acariciam-me
como suas mãos as minhas
e o seu umbigo o meu.

Sexo e flor,
dois corpos se fundem,
se matizam, se preenchem.
Minha alma salta
a sua me transpassa.
Sem peso.
Sem tensão.
Sem qualquer tristeza.
Apenas beleza!
Apenas a dança.
Um pas de deux.
Uma par de Deus.
Uma mulher sobre a outra
É música.
Quando lhe toco,
transcendo.
Transbordo.
Explodo em rosas!
E tu em melodias goza.

Foi em Noronha que começou o nosso

"... e ELAS foram felizes para sempre".

Música é Amor.

A música quando passa por dentro de mim é como o amor, faz revoluções. Quando comecei a gravar esse CD no meu estúdio em Salvador percebi que precisava voltar a morar na Bahia. Esse é um trabalho que me lembra muito os meus primeiros LPs com o grupo que fundei, em 1989, o Companhia Clic. Os compositores da banda Cabeça de Nós Todos, grupo que fez esse novo álbum comigo, têm paixão por MPB como eu. Eles foram ao meu escritório me mostrar suas composições e o trabalho que faziam com a banda. Eles cantaram Sei lá, um rock leve e juvenil, Carteira de Estudante, Tira Onda, que é um samba delicioso, Neguinho Maravilha, que me lembrou muito os sambas de João Bosco e Seda Azul, uma canção das mais lindas que ouvi em minha vida. Mas quando Mikael e Aila cantaram Alma Feminina eu chorei e me emocionei tanto, que quis começar a gravar no dia seguinte. Além das músicas originais tinha o desejo antigo de regravar Aquele Abraço, de Gilberto Gil e Paula e Bebeto, de Caetano Veloso e Milton Nascimento. Desmarquei minha volta pra São Paulo e avisei a todos que iria ficar em Salvador por dois meses. Ana Isabel, a filha mais nova, já estava comigo e as duas do meio, Ana Alice e Marcia, estavam em período de aulas em São Paulo. Assim que comecei a gravar este álbum tiv certeza que precisava da energia da minha cidade pra cantar. Tive certeza que precisava voltar a morar na Bahia e voltei. Quando acabou esse CD eu já havia mandado buscar minhas filhas e minha mudança em São Paulo. Coloquei meu apartamento no Panamby a venda e meus Orixás me deram o presente de me apaixonar enlouquecidamente por Malu. Será que foi culpa da música? Malu viu alguns ensaios desse trabalho e acompanhou a criação do arranjo de Alma Feminina, ainda como amiga. Mal sabíamos que a nossa paixão estava começando e se embaraçando com o notas desse CD que tem uma poesia pra Malu. No final da mixagem, eu não resisti a colocar ess trecho falado dentro do arranjo de carteira de estudante:

"Te amo como num filme,
como num sonho.
Te amo com a força de um rio,
de um oceano.
Apenas te amo.
Apenas te amo.
Apenas te amo."

E esse álbum tornou-se a trilha sonora do nosso amor.